SABEDORIA
BÍBLICA

Dados Internacionais de Catalogação na Publicação (CIP)
(Câmara Brasileira do Livro, SP, Brasil)

Grün, Anselm
    Sabedoria bíblica : como encontrar o essencial no caminho
da vida / Anselm Grün ; tradução de Markus A. Hediger. –
Petrópolis, RJ : Vozes, 2019.

    Título original : Was uns leben lässt : biblische Weisheit für
den Alltag
    ISBN 978-85-326-6045-9

    1. Bíblia 2. Meditação I. Título.

19-23236
                                CDD-242.5

Índices para catálogo sistemático:
1. Meditações bíblicas : Cristianismo   242.5

Cibele Maria Dias – Bibliotecária – CRB-8/9427

ANSELM GRÜN

SABEDORIA BÍBLICA

Como encontrar o essencial no caminho da vida

Tradução de Markus A. Hediger

EDITORA VOZES

Petrópolis

© 2015, Vier-Türme GmbH, Verlag, 97359 Münsterschwarzach Abtei

Título do original em alemão: *Was uns leben lässt – Biblische Weisheit für den Alltag*

Direitos de publicação em língua portuguesa – Brasil:
2019, Editora Vozes Ltda.
Rua Frei Luís, 100
25689-900 Petrópolis, RJ
www.vozes.com.br
Brasil

Editoração: Leonardo A.R.T. dos Santos
Diagramação: Sheilandre Desenv. Gráfico
Revisão gráfica: Fernando S.O. da Rocha
Capa: Sérgio Cabral
Ilustração de capa: ©scis65 | depositphotos

ISBN 978-85-326-6045-9 (Brasil)
ISBN 978-3-89680-953-7 (Alemanha)

Editado conforme o novo acordo ortográfico.

Sumário

Introdução

A Bíblia é para mim um tesouro inesgotável no qual encontro sempre novas respostas às perguntas que me ocupam na minha vida. Quando acompanho pessoas em seu caminho, lembro-me muitas vezes de textos bíblicos que poderiam ser uma ajuda e o encorajamento na situação concreta de uma pessoa. Ofereço também textos bíblicos para meditação. Trata-se de encontrar uma maneira agradável de interagir com os textos bíblicos. Para isso, não é absolutamente necessário ler os complicados comentários exegéticos. Devemos permitir que o texto inicie um diálogo com aquilo que ocupa nossa mente neste momento. Então o texto bíblico se abre para nós. Ao mesmo tempo, conseguimos ver nossas próprias necessidades e angústias em outra luz. Nós reconhecemos a nós mesmos nos textos bíblicos.

Neste livro, pretendo fazer a interpretação de textos bíblicos que nos oferecem uma resposta às perguntas essenciais da nossa vida e a problemas e dificuldades do dia a dia, textos bíblicos que nos apontam um caminho pelo qual possamos seguir. A Bíblia não oferece respostas simples para levarmos para casa. Ela nos dá palavras que devemos mastigar e digerir para que se transformem em palavras da vida, em palavras que nos levam para a vida.

A filosofia grega reconhecia sua função na instrução do ser humano na arte da vida saudável. A Bíblia usa uma linguagem diferente da filosofia grega. Ela nos conta histórias ou nos oferece palavras que abrem nossos olhos para outra realidade. Mas a Bíblia também é um tipo de arte de viver. O evangelista São Lucas, que é o autor neotestamentário que melhor conhece a filosofia grega, vê Jesus como *archegos tes zoes*, como líder para a vida ou, em outra tradução: como instrutor para a vida bem-sucedida (cf. At 3,15). Jesus nos mostra um caminho para uma vida bem-sucedida. Nos evangelhos de São Lucas e São Mateus, Ele é um mestre da sabedoria, que integra tanto a sabedoria dos gregos quanto a sabedoria do Oriente Próximo em seu ensino.

Em Mateus, Jesus faz cinco grandes discursos. É, de um lado, uma resposta aos cinco livros atribuídos a Moisés, que representam a sabedoria do Antigo Testamento. Mas o número cinco é também um símbolo para uma sabedoria mais profunda. Os alquimistas falavam da *quinta essentia*: Eles queriam descobrir a quintessência do conhecimento humano. Jesus é aquele que nos leva para além da sabedoria do mundo para a sabedoria perfeita ou para a "sabedoria entre os perfeitos", da qual fala Paulo em oposição à sabedoria dos gregos (cf. 1Cor 2,6).

Em todos os povos e culturas encontramos pessoas que buscavam e buscam sabedoria. Cada povo tem suas próprias tradições de sabedoria. Elas formam sua autoimagem e compreensão própria. Por isso, sabedoria é mais do que mero conhecimento. O teólogo Heinrich Fries compreende a sabedoria como "interpretação abrangente da existência". A Bíblia também é um livro de sabedoria. No Antigo Testamento, existe uma coletânea de livros, que conectam a sabedoria judaica com a sabedoria grega, como, por exemplo, Eclesiástico, Eclesiastes e o Livro da Sabedoria. A sabedoria pretende revelar os contextos mais profundos da vida. Ela deseja nos oferecer uma diretriz para uma vida boa e cheia de sentido. Para mim, a Bíblia é a fonte por excelência de sabedoria. Mas eu a leio também com os óculos da sabedoria mundana, por exemplo, da sabedoria da filosofia ou da psicologia. Dessa forma, a sabedoria da Bíblia se torna acessível para mim. O Apóstolo Paulo faz uma distinção clara entre a sabedoria da cruz e a sabedoria do mundo, mas ele também nos proclama uma sabedoria, uma "sabedoria divina, misteriosa, escondida, predestinada por Deus antes dos séculos para nossa glória" (1Cor 2,7).

É, portanto, uma sabedoria revelada pelo próprio Deus; uma sabedoria cujo objetivo é a nossa glória. O texto grego usa a palavra *doxa*, uma palavra que sempre se refere também à figura, ao brilho e à beleza. A sabedoria que a Bíblia nos revela tem o objetivo de nos levar até a imagem singular que Deus tem de cada um de nós e de permitir que façamos brilhar o esplendor e a beleza original que nos foram dados.

A sabedoria produz beleza e nos conduz para a nossa verdade pessoal, para a nossa essência verdadeira.

Mas a sabedoria que a Bíblia nos dá não se refere apenas à beleza que devemos desenvolver dentro de nós. Ela se refere também à nossa vida num sentido bem concreto. Ela pretende nos oferecer respostas às perguntas centrais com as quais a vida nos confronta: Quem sou eu de verdade? Como posso lidar com as pressões de todos os lados da vida? Como posso encontrar tranquilidade num mundo corrido? Como devo lidar com sofrimento e necessidades, com minhas emoções e com meus pensamentos, com minhas necessidades e paixões, com minha culpa e meu fracasso? Como devo reagir à finitude da vida e integrar a morte na vida? A Bíblia não nos dá respostas clássicas no sentido de muitos livros de autoajuda tão populares nos dias de hoje. Ela nos conta histórias nas quais nos reconhecemos e nas quais podemos encontrar um caminho também para a nossa vida. E ela nos oferece palavras que, à primeira vista, nos parecem estranhas. Mas quando digerimos essas palavras, quando as acolhemos em nosso coração, elas transformam o nosso modo de ver. E então, muitas vezes, elas dão respostas que jamais teríamos encontrado por força própria.

Querida leitora, querido leitor, você não precisa acreditar nas palavras da Bíblia para ler este livro. Sugiro que simplesmente use essas palavras para fazer alguns experimentos. O método que me ajuda muitas vezes é este: Eu leio uma palavra da Bíblia. Então me pergunto: Se essa palavra fosse verdadeira, como eu me vivenciaria pessoalmente, como eu experimentaria minha situação, minha aflição? Em que luz meus temas passam a se apresentar?

Crer significa para mim: simplesmente experimentar, fazer de conta que essas palavras são verdadeiras. Então, esse experimento me mostra que vale a pena confiar nas palavras da Bíblia. É claro que eu faço esses experimentos na experiência de que as palavras sejam verdadeiras, que elas me apontem um caminho para a vida.

Minhas interpretações das histórias e palavras bíblicas não reivindicam uma validade absoluta. Quando tentamos interpretar a Bíblia, iniciamos um diálogo entre o texto bíblico e a nossa vida concreta, nossas perguntas pessoais e nossas aflições. Quando entramos nesse diálogo, compreendemos melhor não só o texto, mas também a nós mesmos. Eu lhe desejo, querida leitora, querido leitor, que você descubra, no convívio com os textos bíblicos e nas minhas interpretações, o seu modo pessoal de interagir com esses textos e de encontrar neles uma ajuda para a vida, uma ajuda que seja praticável e permita que sua vida seja bem-sucedida.

1

"A CADA DIA BASTA O SEU PESO"

Como consigo dar conta
do meu dia a dia?

Tudo tem o seu tempo

Para tudo há um momento, há um tempo para cada coisa debaixo do céu. Tempo de nascer e tempo de morrer; tempo de plantar e tempo de arrancar a planta. Tempo de matar e tempo de curar; tempo de destruir e tempo de construir. Tempo de chorar e tempo de rir; tempo de gemer e tempo de dançar. Tempo de atirar pedras e tempo de ajuntá-las; tempo de abraçar e tempo de se separar. Tempo de buscar e tempo de perder; tempo de guardar e tempo de jogar fora. Tempo de rasgar e tempo de costurar; tempo de calar e tempo de falar. Tempo de amar e tempo de odiar; tempo de guerra e tempo de paz.

Ecl 3,1-8

*S*empre queremos ter tudo ao mesmo tempo, queremos perpetuar a alegria e a felicidade, o sucesso e o reconhecimento, a harmonia e a paz. Mas o sábio que nos dirige sua palavra na figura do pregador no Livro do Eclesiastes nos diz em tom sóbrio: Há o tempo da felicidade e da tristeza, da alegria e do luto, do sucesso e do fracasso, do reconhecimento e da rejeição, da paz e do conflito. Não devemos gastar o tempo de felicidade esperando com medo de que o desastre virá inevitavelmente. Se agíssemos dessa forma, não conseguiríamos desfrutar a alegria, a felicidade e a paz. Devemos apenas saber que a vida é uma sequência de altos e baixos, que não podemos nos agarrar a nada.

O pregador simplesmente aceita da mão de Deus aquilo que é neste momento. Não podemos escolher se queremos viver em tempos de paz ou em tempos de guerra. Precisamos aceitar o tempo como ele é. Cada tempo tem seus próprios desafios e dificuldades. Existem tempos de euforia e tempos em que nos sentimos abatidos.

Muitos acreditam que devem agarrar-se ao tempo da euforia, mas isso não é possível. Devemos saber que as coisas podem mudar. E quando nos sentimos abatidos, devemos aceitar isso como tarefa que precisamos encarar neste momento: aprender a lidar com ela de forma saudável. Nem sempre segue ao tempo da alegria automaticamente um tempo de tristeza. Isso seria fatal. Se assim fosse, não poderíamos valorizar e desfrutar o tempo da alegria. Devemos vivenciar com gratidão o tempo que Deus nos dá agora. Mas se vier outro tempo, um tempo de tristeza, não devemos lamentar e reclamar que Deus nos esqueceu. É simplesmente parte do destino do ser humano que os tempos mudam. Dizer sim a tempos diferentes – é disso que se trata. Eclesiastes afirma que aquele que consegue fazer isso vive de forma sábia, e sua vida é bem-sucedida.

Viver no ritmo

No sétimo dia Deus considerou acabada toda a obra que havia feito, e no sétimo dia descansou de toda a obra que fizera. Deus abençoou o sétimo dia e o santificou, porque neste dia Deus descansou de toda a obra da criação.

Gn 2,2-3

Deus descansou no sétimo dia, por isso, o ser humano também deve descansar nesse dia. Ele deve desfrutar do repouso sabático de Deus. O sábado faz bem ao ser humano. O próprio Deus lhe mostrou isso. A obra do nosso trabalho só se completa quando descansamos; só então conseguimos apreciá-la.

Deus abençoa e santifica o sétimo dia: é uma bênção ter um dia por semana para si mesmo, um dia para descansar, um dia em que não precisamos provar nada, um dia em que podemos estar livres das expectativas dos outros.

E é um dia sagrado, um dia sobre o qual o mundo não tem poder, que se esquiva das garras da economia, com suas atuais tendências absolutistas e autoritárias. Ela tende a querer dominar e determinar tudo. Tudo deve ser avaliado segundo os critérios econômicos. Num mundo desse tipo, é uma bênção Deus ter reservado um dia que pertence apenas ao ser humano e sobre o qual a economia não tem domínio.

Sagrado é aquilo que se esquiva do mundo, sobre o qual o mundo não tem poder. Segundo os gregos, apenas o santo é capaz de santificar. O dia sagrado é um dia que cura, que nos faz bem, em que podemos respirar livremente sem a pressão de enfrentar a vida. Nesse dia, podemos contemplar e ouvir, ler e celebrar. Temos tempo uns para os outros.

Nós cristãos transferimos a bênção do sábado judeu para o domingo. Mas para nós vale a mesma teologia: Apenas aquele que descansa termina a sua obra. E quem descansa, quem desfruta e aprecia o tempo sagrado, este se torna são e vive de modo saudável. O ritmo que o presente do sábado impôs à nossa vida nos faz bem. Aquele que vive no ritmo vive segundo a sua própria natureza. E aquele que trabalha no ritmo consegue trabalhar de modo mais eficiente e sustentável.

* * *

O sábado foi feito para as pessoas e não as pessoas para o sábado.

Mc 2,27

$\mathcal{N}$um sábado, Jesus caminhava pelos campos de trigo. Os discípulos estavam com fome e arrancaram algumas espigas para matar sua fome. Isso irritou os fariseus: pois essa atividade era proibida no sábado. Primeiro Jesus usa a história de Davi como argumento, este chegou a comer os pães consagrados que só poderiam ser consumidos pelos sacerdotes. Depois Ele diz as palavras decisivas: "O sábado foi feito para as pessoas e não as pessoas para o sábado".

O mandamento do sábado estava sobrecarregado com muitas regras pequenas, e todas elas giravam em torno daquilo que não se devia fazer no sábado. O sábado, que devia ser um alívio, tinha se tornado um peso. E muitos sofriam de medo, pois sempre se perguntavam se não haviam violado alguma das regras. Jesus recupera o significado original do sábado. Deus criou o sábado para que o ser humano descansasse; é uma bênção para o ser humano que não deve ser complicada por regras mesquinhas e assim se transformar em um peso.

Quando diz que o sábado foi feito para as pessoas, Jesus está pensando na essência de toda prática religiosa. Às vezes, pessoas piedosas giram em torno de leis e mandamentos como se não existisse coisa mais importante do que os cumprir. Antigamente, os mosteiros passavam a impressão de que a vida religiosa consistia apenas na observação das inúmeras regras.

A sentença de Jesus relativiza todas essas regulamentações. Elas só fazem sentido se ajudarem às pessoas a se abrirem para Deus e a se encontrarem a si mesmas. Observo em algumas pessoas espirituais que elas se impuseram um sistema de regras. Elas têm uma consciência pesada caso se esqueçam de rezar o rosário, que faz parte de seu programa religioso. Muitas vezes, nós nos esquecemos que esses métodos e rituais foram criados para o ser humano e não o contrário. Esse princípio vale para qualquer caminho espiritual.

Mas a sentença de Jesus é importante também para as muitas regras que as pessoas impõem à sua saúde. Muitas pessoas estabelecem um programa rígido com muitas regras que precisam ser seguidas: para a comida, para atividades físicas que definem o tipo de esporte praticado e os quilômetros percorridos. Às vezes, os livros de autoajuda não ajudam, mas são uma fonte adicional de estresse que nós nos impomos querendo ser modernos e ter uma vida saudável. Muitas vezes, acabamos sobrecarregando a nossa liberdade com uma agenda estressante, porque acreditamos que uma pessoa moderna precisa fazer isso ou aquilo, como frequentar uma academia ou passar um fim de semana num spa. As regras são tantas que corremos o perigo de deixar a vida passar. O tempo livre deixa de ser regeneração e se transforma em estresse.

Cada regra e cada instituição tende a se autonomizar. Precisamos ficar sempre atentos às palavras de Jesus: Todas as regras, todas as sugestões, todos os métodos foram feitos para o ser humano, não vice-versa. Isso é um critério importante para avaliarmos a nossa vida espiritual e o nosso estilo de vida. Pois muitas vezes, as regras, que, a princípio – como o mandamento do sábado –, foram criadas como ajuda para vivermos no espírito de Deus se autonomizaram. Assim, deveríamos nos perguntar constantemente se realmente temos vontade de seguir esta ou aquela regra ou se ela já não se transformou em um peso para nós.

* * *

Não vos preocupeis com o dia de amanhã. O dia de amanhã terá suas próprias dificuldades. A cada dia basta o seu peso.

Mt 6,34

*M*uitas pessoas ficam imaginando cheias de preocupação o que poderá acontecer amanhã, depois de amanhã e no futuro mais distante. Obviamente, devemos assumir nossa responsabilidade pelo futuro. A forma como tratamos a natureza tem consequências para as gerações vindouras. Mas o que Jesus tem em vista aqui no Evangelho de São Mateus não é essa responsabilidade pelo futuro. Aqui, Ele nos convida a vivermos totalmente no presente. Devemos vivê-lo com gratidão e confiança. Se nos preocuparmos constantemente com um futuro, deixamos de viver no presente e deixamos a vida passar. Trata-se de lidar com o dia de hoje de forma saudável. Não devo ficar quebrando a cabeça com aquilo que acontecerá amanhã. Muitos passam o dia de hoje girando em torno da reunião que acontecerá amanhã ou do trabalho que terão que fazer amanhã. Mas isso os impede de desfrutar o momento atual. A preocupação com o dia de amanhã pesa e os esmaga.

Quando me levanto de manhã, eu não me deixo esmagar pelos compromissos do dia de hoje. Eu levanto as mãos para os céus e abençoo o dia de hoje. Então encaro o dia cheio de confiança, não me preocupando com tudo que poderia acontecer, mas confiando que tudo que farei no dia de hoje foi abençoado. Entro num dia abençoado sem ter que me preocupar com tudo que pode dar errado. Posso enfrentar um dia abençoado com tranquilidade. Sei que cada momento é preenchido pela bênção de Deus, que essa bênção impregna cada conversa, cada trabalho, cada encontro.

Viver em abundância

Eu vim para que tenham vida e a tenham em abundância.

Jo 10,10

 lguns acreditam que Jesus veio para nos impor muitas regras e fazer muitas exigências que, muitas vezes, não conseguimos cumprir. Mas aqui Jesus informa a razão verdadeira de sua vinda: Ele veio para que tivéssemos vida.

O texto bíblico usa aqui a palavra grega *zoe* e não *bios*. *Bios* é a vida biológica, a sobrevivência, o existir. Mas *zoe* se refere à qualidade de vida, à vida autêntica, à vivacidade, ao crescimento, ao florescimento, à fertilidade. E devemos ter essa qualidade de vida em abundância maior do que qualquer medida. O que Jesus quer dizer com isso? E como podemos experimentar essa vida em abundância?

Às vezes, as pessoas só conseguem experimentar a vida quando vivenciam o máximo possível, quando fazem viagens distantes ou coisas extraordinárias durante as férias. Talvez seja por isso que elas vão a eventos para que outros as animem para a vida para que se sintam vivas. Mas, às vezes, isso é uma vida superficial. Elas fazem de tudo para produzir uma sensação que, possivelmente, logo se dissolve no ar deixando um gosto ruim na boca.

Viver de verdade só consegue aquele que é capaz de viver no presente. Ele está perfeitamente ciente de si mesmo. Todos os seus sentidos estão ativados. Ele sente a si mesmo. Se caminha por uma floresta, sente o cheiro das árvores e das folhas, ouve o murmúrio do vento e o canto dos pássaros, contempla a beleza das árvores, percebe como o sol penetra a densa folhagem iluminando tudo com a sua luz maravilhosa. Ele se detém numa clareira, para sentir o calor do sol. Ele absorve tudo com todos os seus sentidos. Aquilo que é pequeno se torna grande e importante. Seus pensamentos não desviam sua atenção.

Quando encontra outra pessoa, ele se entrega totalmente ao encontro e, muitas vezes, é enriquecido por aquilo que a outra pessoa emana e lhe comunica. A pessoa que vive completamente no presente não precisa ser incentivada para a vida, ela experimenta a vida em abundância.

Mas, ao falar na vida abundante, Jesus se refere também a algo mais: Ele veio para nos dar vida divina. A abundância da vida que percebemos com nossos sentidos pode terminar quando envelhecemos, adoecemos e morremos. Mas ninguém pode nos tirar a vida que Jesus nos dá. Experimentamos com os sentidos não só a natureza, mas a vida divina que se manifesta na natureza. E sabemos: A vida divina, a beleza divina e o amor divino que transparece em tudo não serão destruídos na morte, eles florescerão em toda a sua plenitude. Vida em abundância é sempre uma vida que aponta para além da morte. É uma vida na qual tempo e eternidade se confundem. Às vezes, fazemos essa experiência: Estamos totalmente no presente. Esquecemos a nós mesmos quando contemplamos um pôr do sol. Nesse momento de admiração e autoesquecimento nos esquecemos também do tempo, ocorre um instante da eternidade, um momento em que o tempo deixa de existir, ou melhor: em que tempo e eternidade são um.

* * *

Deste ao meu coração mais alegria do que outros têm na fartura de trigo e vinho.

Sl 4,8

$\mathcal{N}$ós nos alegramos ao festejarmos com muita comida boa, quando degustamos um bom vinho e brindamos uns aos outros. Mas o salmista afirma que isso nem se compara com a alegria que Deus coloca em nosso coração. Que tipo de alegria é esta? É a alegria que sentimos quando sabemos que Deus se preocupa conosco, que somos amados e aceitos por Ele. Mas é também uma alegria diante de todas as coisas que Deus nos dá dia após dia, a alegria diante da nossa saúde, a alegria diante de um encontro com uma pessoa, a alegria diante de uma palavra de Deus que comove meu coração, a alegria diante de uma missa que me envolve com o mistério do amor divino, a alegria diante de um momento de silêncio no qual consigo alcançar a essência do ser. E é a alegria diante do ser puro, diante do momento em que simplesmente sou sem ter que justificar o que estou fazendo ou o que sou nesse instante.

A alegria que Deus coloca em meu coração é como uma fonte que jorra no fundo da minha alma. A alegria sempre está ali. Muitas vezes, porém, estamos separados dela. Em momentos assim precisamos de palavras como as do Sl 4, que nos ajudam a reencontrar essa fonte de alegria. Assim que uma palavra ou um encontro ativa essa fonte interna dentro de nós, a alegria emerge do fundo da nossa alma e penetra nossa consciência. Quando isso acontece, conseguimos senti-la.

Mas ela está sempre dentro de nós; Deus a colocou em nosso coração e ninguém pode tirá-la de nós. Nenhum sofrimento e nenhuma doença consegue nos roubar essa alegria. Ela é uma fonte inesgotável na nossa alma, uma fonte divina. É uma alegria divina, ou como diz Jesus no Evangelho de São João, "uma alegria perfeita" (Jo 16,24), que ninguém pode tirar de nós.

Momentos no auge da vida

Moisés disse: "Mostra-me a tua glória!" E o Senhor respondeu: "Farei passar diante de ti toda a minha bondade e proclamarei meu nome, 'Senhor', na tua presença, pois favoreço a quem quero favorecer e uso de misericórdia com quem quero usar de misericórdia". E acrescentou: "Não poderás ver minha face, porque ninguém me pode ver e permanecer vivo". O Senhor disse: "Aí está o lugar perto de mim! Tu ficarás sobre a rocha. Quando a minha glória passar, eu te porei na fenda da rocha e te cobrirei com a mão enquanto passo. Quando eu retirar a mão, tu me verás pelas costas. Minha face, porém, não se pode ver".

Ex 33,18-23

O psicólogo norte-americano Abraham Maslow fala de experiências extraordinárias que podemos fazer. Para ele, são experiências espirituais que nos fazem esquecer do nosso próprio ego. Moisés teve uma experiência desse tipo na montanha sagrada.

Muitas vezes, essas experiências acontecem no topo de uma montanha. Pois desde sempre montanhas são lugares especiais com uma aura própria, uma vibração sagrada.

Moisés deseja ver a glória de Deus. Deus responde ao seu pedido: "Farei passar diante de ti toda a minha beleza". Deus é essencialmente beleza. Isso significa também que podemos reconhecer um traço de Deus em tudo que é belo. Deus passa por Moisés, mas Moisés não pode ver a face de Deus. Ninguém consegue vê-la sem morrer. Deus cobre Moisés com sua mão enquanto passa por ele. Só após ter passado é que Ele retira sua mão do rosto de Moisés. Assim, este consegue ver as costas de Deus. É claro que isso é uma metáfora. Não podemos ver Deus diretamente, mas podemos contemplar os seus rastros. Seus rastros nos são visíveis na beleza.

Numa paisagem bela reconhecemos algo da beleza de Deus. Num lindo rosto humano se reflete a beleza de Deus.

E reconhecemos os rastros de Deus no sagrado. Sempre que temos a impressão de estarmos diante de algo sagrado, sempre que estremecemos diante de algo sagrado, vivenciamos os rastros de Deus. O sagrado é o sublime, que eleva o nosso coração.

Não podemos produzir essas experiências que elevam o nosso coração. Elas nos são dadas. É Deus quem as concede, assim como Ele as concedeu a Moisés. Mas quando somos presenteados com uma experiência extraordinária desse tipo, devemos nos colocar na fenda de uma rocha como Moisés e nos concentrar totalmente naquilo que vemos e ouvimos. Então veremos as costas de Deus e estremeceremos.

* * *

Põe-me como um selo sobre teu coração, como um selo sobre teu braço! Porque é forte o amor como a morte, e a paixão é implacável como a sepultura: suas centelhas são centelhas de fogo, labaredas divinas. Águas torrenciais não conseguirão apagar o amor, nem rios poderão afogá-lo. Se alguém quisesse comprar o amor, com todos os tesouros de sua casa, receberia somente o desprezo.

Ct 8,6s.

O Cântico dos Cânticos é uma coleção de músicas que descrevem a felicidade do amor em imagens maravilhosas. Os versículos acima citados cantam o poder do amor. Aquele que vive o amor o experimenta como um selo sobre seu coração. Ele não pode mais ser retirado, arrancado do seu coração. É como um selo que não pode ser quebrado. E o amor é forte como a morte. É uma chama poderosa e brasa ardente. O amor não é inofensivo, ele é tão forte que pode se apoderar do ser humano. Mas é um poder lindo ao qual nos rendemos com prazer. Pois o amor nos transforma; ele nos preenche com uma chama que irradia, que nos esquenta e, como um fogo, incinera todas as impurezas dentro de nós. E nada consegue apagar esse amor, nem enchentes nem correntezas. Nada podemos oferecer pelo amor. Toda riqueza é nada comparada ao amor. E aquele que preza as riquezas mais do que o amor, é desdenhado.

Essa descrição nos mostra o tipo de experiência extraordinária que o amor pode ser. Ele nos tira da rotina do dia a dia e nos preenche com vivacidade. Somos transformados no amor.

Tudo arde e floresce dentro de nós. Assim, o amor é o mais sublime que caracteriza o ser humano e a maior dádiva que Deus nos concedeu. Experimentá-lo é a experiência mais extraordinária que podemos fazer. Cada um de nós já experimentou o amor, mesmo que o amor por outra pessoa nem sempre tenha sido correspondido. Mas a capacidade de amar existe em cada um. Em nosso anseio pelo amor – assim diz Saint-Exupéry – já existe amor. Em vez de lamentarmos que nosso amor nem sempre é correspondido, devemos desfrutar o amor que sempre está presente no fundo da nossa alma, mesmo que nem sempre consigamos senti-lo. Por meio do desejo de amar e de ser amado e por meio da experiência concreta do amor, essa fonte pode sempre emergir dentro de nós e impregnar toda a nossa consciência. Então nos sentimos transformados e cheios de fogo e poder.

* * *

Cerca de oito dias depois desses discursos, Jesus tomou consigo Pedro, João e Tiago e subiu ao monte para orar. Enquanto orava, seu rosto mudou de aparência, suas vestes ficaram brancas e resplandecentes. Nisso, dois homens conversavam com Ele; eram Moisés e Elias. Apareciam envoltos em glória e lhe falavam da sua morte, que teria lugar em Jerusalém. Pedro e os companheiros estavam com muito sono e, ao despertarem, viram sua glória e os dois homens que estavam com Ele. Quando eles estavam se afastando de Jesus, Pedro disse: "Mestre, como é bom estarmos aqui! Vamos levantar três tendas: uma para ti, uma para Moisés e uma para Elias", sem saber o que dizia. Enquanto falava isso, apareceu uma nuvem que os envolveu. Ficaram com medo ao entrarem na nuvem. E da nuvem uma voz se fez ouvir, que dizia: "Este é o meu Filho, o Eleito, escutai-o". Enquanto a voz ressoava, Jesus ficou sozinho. Eles guardaram segredo e naqueles dias não contaram a ninguém coisa alguma do que tinham visto.

Lc 9,28-36

$\mathcal{T}$rês dos quatro evangelhos nos falam da transfiguração de Jesus no Monte Tabor. Mas lemos apenas em Lucas que Jesus rezava quando seu rosto se transformou e suas vestes resplandeceram repentinamente.

Para Lucas, a oração é o lugar em que uma transformação pode ocorrer também dentro de nós. E quando ocorre a transfiguração, quando tudo dentro de nós se torna puro e claro, quando tudo fica transparente para a luz de Deus, Moisés e Elias aparecem também a nós. Moisés representa o legislador e o líder que nos conduz para a liberdade. A oração nos coloca em ordem; ela nos orienta em direção a Deus, e nós nos libertamos de nossas próprias paixões e necessidades. E aparece também Elias, o grande profeta. Por meio dele, entramos em contato com nossa missão profética. Sentimos que podemos expressar algo de Deus por meio da nossa pessoa, algo que só pode ser expresso por meio de nós. A experiência extraordinária que Pedro, João e Tiago fizeram no Monte Tabor com Jesus é tão incrível que Pedro logo se põe a construir três cabanas para perpetuar essa experiência. Mas essa experiência não pode ser perpetuada, não podemos nos agarrar a ela. Os discípulos precisam voltar para o vale. E imediatamente após a experiência extraordinária da transfiguração, eles se veem envoltos por uma nuvem escura. Seu espírito se anuvia. Basta que, em seu dia a dia, eles ouçam a voz de Jesus. Ela lhes indicará o caminho.

Às vezes, temos o privilégio de fazer experiências extraordinárias desse tipo em nosso dia a dia. Encontramos uma pessoa e, de repente, vemos tudo com clareza. A outra pessoa irradia algo que nos faz bem. Em momentos assim, tentamos perpetuar essas situações como Pedro. Mas quando tentamos nos agarrar a um encontro, ele perde seu brilho e sua originalidade. Sempre precisamos retornar para o dia a dia após uma experiência extraordinária. Mas devemos preservar em nossa memória a experiência de clareza e transfiguração da nossa vida. No meio do vale de seu dia a dia, os discípulos se lembram de tudo aquilo que eles experimentaram no monte da transfiguração. E assim seu dia a dia se torna um pouco mais claro.

Trabalho

O Senhor Deus tomou o ser humano e o colocou no Jardim do Éden, para que o cultivasse e guardasse.

Gn 2,15

*J*á no paraíso, no Jardim do Éden, Deus deu ao ser humano a tarefa de cultivar e guardar o lindo jardim. O ser humano não deve explorar a criação, mas servir-lhe. A função do ser humano é cultivar o jardim, para que as plantas floresçam e as árvores deem frutos. O ser humano não está acima da criação, mas deve garantir que a terra dê fruto. Ele deve cuidar e cultivar a criação. Aqui, o ser humano é auxiliador de Deus. Deus criou o jardim em torno dele. Foi Ele que encheu esse jardim com plantas lindas e férteis. Mas agora cabe ao ser humano cultivar e guardá-lo. É apenas após dar essa missão de cultivar o jardim que Deus forma os animais da terra. Ele os leva até o ser humano para que este lhes dê um nome. O ser humano vive em paz e harmonia com os animais.

A narrativa do jardim a ser cultivado pelo ser humano é mais antiga do que a narrativa da assim chamada fonte sacerdotal que narra a criação em sete dias (na Bíblia, contudo, a ordem das narrativas está cronologicamente invertida). Na versão sacerdotal, o ser humano é o ápice da criação instruído a subordinar o mundo a si mesmo e a dominar os animais. Infelizmente, essa visão levou o ser humano muitas vezes ao longo da história à exploração da natureza.

Hoje em dia, voltamos a nutrir uma simpatia maior pela mensagem da narrativa mais antiga: o ser humano é chamado a ser cultivador e guardião da criação com a responsabilidade de garantir que o Jardim do Éden floresça e dê frutos, para que ele alimente os seres humanos e os animais. É nesse trabalho que está a dignidade do homem. Ele participa do poder criador de Deus, que tudo criou de forma maravilhosa. O homem deve cultivar o Jardim do Éden. Um jardim é sempre algo belo. Uma tarefa importante do ser humano é criar algo belo, embelezar o mundo para que seus semelhantes e os animais possam se alegrar com a beleza da criação.

Cultivar e guardar o jardim serve ao próprio sustento do ser humano. O ser humano necessita dos frutos do jardim para se alimentar. Ganhar seu próprio sustento lhe dá liberdade. Ele não depende de benfeitores. Parte de sua dignidade consiste em sua capacidade de viver uma vida independente.

* * *

Em seguida vieram todos cujo coração os movia e cujo ânimo os impeliu, trazendo ofertas ao Senhor para as obras da tenda de reunião, para o culto em geral e para as vestes litúrgicas. Vieram homens e mulheres, e todos generosamente traziam broches, brincos, anéis, colares e toda sorte de objetos de ouro, que cada um oferecia com um gesto diante do Senhor. Todos quantos ti-

nham consigo púrpura violeta, vermelha e carmesim, linho fino, pelos de cabra e peles de carneiro tintas de vermelho e peles finas, trouxeram-nas. Os que desejavam fazer ofertas de prata ou de bronze trouxeram-nas ao Senhor. O mesmo fizeram os que tinham madeira de acácia para as várias obras da construção. Todas as mulheres que tinham habilidade para a tecelagem teceram e trouxeram os tecidos: a púrpura violeta, vermelha e carmesim, e o linho fino. Todas as mulheres bem-dispostas e dotadas para tanto teceram pelos de cabra. Os chefes do povo trouxeram pedras de ônix e pedras de engaste para o efod e o peitoral, os perfumes e o azeite para o candelabro, para o óleo de unção e para o incenso aromático. Todos os israelitas, homens e mulheres, dispostos a contribuir para as obras que o Senhor tinha mandado executar por meio de Moisés, trouxeram ao Senhor contribuições espontâneas.

Ex 35,21-29

Deus deu a Moisés a ordem de construir o santuário, a tenda de Deus entre os seres humanos, como algo lindo. Por isso, os israelitas deviam fazer contribuições. Deveriam trazer ouro, prata e cobre e produzir com suas próprias mãos as cobertas, as colunas e as vigas.

Os homens e as mulheres devem pôr suas habilidades a serviço desse santuário. E todos o fazem com coração disposto. O texto diz que seus corações os moviam a trabalhar para o santuário e a doar seu trabalho para a tenda sagrada. Aqui, o trabalho assume outro teor.

O que está em destaque aqui não é a labuta e o sofrimento como após a expulsão do paraíso, mas a alegria e o prazer proporcionados pela habilidade que Deus deu aos homens e às mulheres. E eles trabalham com prazer, porque seu trabalho serve para adornar o santuário do Senhor.

Eles reconhecem o sentido de seu trabalho. Mas aqui o sentido do trabalho não é ganhar seu pão de cada dia, é produzir a beleza que faz resplandecer a glória de Deus neste mundo.

O resultado do trabalho é algo lindo, algo que alegra as pessoas e que serve ao santuário. Os seres humanos criam algo belo que pertence a todos eles. Ninguém é dono do santuário. Ele é a coisa mais preciosa, adorada pelo povo inteiro. E para isso todos trabalham com prazer. Eles têm um objetivo.

Vivencio a alegria que as pessoas experimentaram no tempo de Moisés enquanto adornavam o seu Templo em muitas pessoas que se empenham como voluntários em associações beneficentes, em pessoas que visitam os enfermos, que se empenham no trabalho em asilos de idosos e que trabalham com fugitivos. Muitas vezes, todas essas pessoas trabalham muito. Mas elas o fazem com prazer. Elas sentem como seu trabalho traz bênçãos para os outros.

E de certo modo elas usam seu trabalho para adornar o verdadeiro templo de Deus: as pessoas para as quais elas trabalham. Em todas elas habita a glória de Deus. Quando nos empenhamos por outros, vivenciamos como essas pessoas ficam mais belas, como elas descobrem sua dignidade, como elas voltam a se alegrar e como seu rosto começa a brilhar.

Tempo livre

Os apóstolos voltaram para junto de Jesus e lhe contaram tudo que tinham feito e ensinado. Jesus lhes disse: "Vinde vós sozinhos para um lugar deserto e repousai um pouco". Pois eram tantos os que iam e vinham, que eles não tinham tempo nem para comer. Eles partiram de barco para um lugar deserto e afastado.

Mc 6,30-32

Jesus havia enviado seus discípulos para que levassem sua mensagem para as aldeias e para que curassem os doentes. Agora eles voltaram e queriam contar a Jesus tudo que haviam vivenciado. Mas o tempo todo eram interrompidos pelo povo.

Então Jesus os convida a irem para um lugar deserto onde pudessem ficar a sós e tivessem tempo uns para os outros e pudessem descansar de seu trabalho. E o próprio Jesus sente essa necessidade de ficar longe das muitas pessoas que sempre querem algo dele.

Sentimos orgulho quando alguém precisa de nós. E então perdemos os nossos limites, a sensibilidade para aquilo que nos prejudica quando exageramos. Nós nos preocupamos com as necessidades dos outros, mas não com as nossas próprias. Ouvimos o que os outros dizem, mas deixamos de ouvir a voz do nosso próprio coração. Assim, acabamos exaustos e esgotados.

Jesus sabe desse perigo. Ele reconhece que todos nós somos limitados e não podemos sempre apenas dar. Precisamos também de tempo para nós mesmos para conversar sobre tudo aquilo que nos comove em nosso coração. Precisamos de tempo para processar as nossas experiências. Os discípulos não podem simplesmente passar de um trabalho para o outro. Eles sentem a necessidade de conversar sobre as suas experiências.

No entanto, Marcos conta que nem mesmo Jesus conseguiu dar aos seus discípulos o espaço de que tanto precisavam. As pessoas viram como Jesus partiu num barco com seus discípulos e correram para aquela praia para onde Jesus estava levando seus discípulos. E quando Jesus desembarcou, Ele não se irritou, mas se compadeceu delas: "pois eram como ovelhas sem pastor" (Mc 6,34). Ele percebeu que estavam desorientadas, cansadas, porque não viam um sentido em sua vida.

Existem situações em que precisamos insistir em um tempo livre para nós mesmos e defendê-lo contra todas as necessidades vindas de fora. Mas existe também a situação em que devemos nos compadecer daquele que precisa da nossa ajuda. Sabemos também que isso pode se transformar em uma armadilha. Quando temos a impressão de que alguém precisa de nós, nós nos sentimos importantes e não reservamos o tempo necessário para nós mesmos e para Deus.

Como Jesus, devemos admitir que precisamos de períodos de solidão e silêncio. Não somos Deus que sempre pode dar. Precisamos ter tempo para nós mesmos, para que possamos voltar a dar.

* * *

Durante seis anos semearás a terra e recolherás os produtos. No sétimo ano, porém, deixarás de colher e de cultivar a terra, para que se alimentem os pobres de teu povo, e os animais do campo comam o resto. O mesmo farás com a vinha e o olival. Seis dias trabalharás e no sétimo descansarás, para que descansem também o boi e o jumento, e possam tomar fôlego o filho de tua escrava e o estrangeiro.

Ex 23,10-12

O povo de Israel não deve apenas observar o sábado e trabalhar somente seis dias. Também os campos deveriam ser cultivados durante seis anos e deixados em repouso no sétimo ano. Tanto o sétimo dia quanto o sétimo ano servem não só ao descanso dos trabalhadores, mas têm um significado social. Os pobres devem comer dos campos quando estes estiverem incultos. Dessa forma, Deus cuida dos pobres e também dos animais. Estes também devem se alimentar da terra inculta.

O sábado possui o mesmo significado social. O boi e o jumento devem descansar. Eles também não precisam trabalhar. O sábado é uma bênção também para os animais. O filho da escrava e o estrangeiro devem tomar fôlego no sábado. Dessa forma, Deus usa a regulamentação do dia de descanso e do ano de descanso para cuidar dos pobres e dos escravos. A instituição do sábado é uma bênção especialmente para os pobres, estrangeiros e escravos.

À primeira vista, essas antigas instruções nos parecem estranhas e irrealistas. Mas elas têm um significado ainda hoje.

Quando descansamos, isso serve não só a nós mesmos, mas também ao mundo. Mas hoje em dia, o dia de descanso do domingo se transformou para muitos em um dia em que exigimos ainda mais do mundo por meio de entretenimentos que não respeitam o meio ambiente.

Nosso descanso deve fazer bem também à criação, aos animais e às plantas. Mas nós nos esquecemos do sentido do descanso. Nós o substituímos por um tempo livre que não se caracteriza mais pelo descanso, mas pela correria.

Pascal Bruckner, um filósofo francês, descreveu essa correria de forma sarcástica como sinal de um novo tipo de ser humano: ele identifica "o vagabundo hiperativo, sempre em estado de alerta, sempre pronto para invadir a Babilônia do entretenimento". Ele acredita que, em breve, o tempo livre se transformará "em maldição dos pobres, em destino de um povo condenado a pão e circo" (BRUCKNER, P. *Ich leide, also bin ich*, p. 63).

O texto do Livro do Êxodo nos convida a não nos organizarmos demais para o nosso descanso, a não viajarmos para longe para encontrar tranquilidade. Basta-nos a tranquilidade no nosso próprio quarto. Precisamos apenas nos sentar, fechar as janelas e desligar o rádio ou a TV. Assim podemos desfrutar a tranquilidade do nosso quarto. Podemos descansar sem fazer muito por isso. Ou uma caminhada em algum parque na vizinhança pode se transformar em uma experiência intensiva de paz. Atravessamos o parque a passos lentos e imaginamos: Neste momento, não preciso fazer nada, basta estar aqui. Isso nos faz bem. E faz bem ao meio ambiente.

Rituais para o dia a dia

É Ele que faz jorrar as fontes nos vales; elas correm por entre os montes e dão de beber a todos os animais selvagens; os asnos selvagens matam a sede; junto delas moram os pássaros do céu, entre os ramos eles soltam seu trinado. É Ele que de sua morada rega as montanhas, e a terra se sacia do fruto de tuas obras; faz brotar a erva para o gado, as plantas que se cultivam para tirar da terra o alimento, o vinho que alegra o coração, o óleo que dá brilho às faces e o pão que renova as forças. As árvores do Senhor saciam-se, os cedros do Líbano, que Ele plantou, nos quais os pássaros fazem seu ninho, e em sua copa a cegonha tem pousada. As altas montanhas pertencem às cabras montesas, os penhascos dão abrigo às marmotas.

Sl 104,10-18

O salmista contempla a criação e louva a Deus por todos os seus atos milagrosos. Ele lembra a criação, feita de forma tão maravilhosa pelo Criador. E então olha para as fontes, das quais bebem os asnos selvagens, para as aves do céu com seus ninhos. Ele louva a Deus porque ordenou tudo tão perfeitamente em sua criação e pensou nas necessidades de cada um, dos animais e dos seres humanos. Ao ser humano, Ele deu o pão, que alimenta e fortalece, e o vinho, que alegra o coração.

O salmista não se cansa de agradecer a Deus por sua glória e pela beleza que ele percebe na criação.

É um bom ritual começar o dia com um louvor. Abrimos a janela de manhã e olhamos para a criação. Louvamos a Deus por fazer nascer o sol a cada manhã e afugentar a escuridão, pelo brilho matinal que Ele espalha. Louvamos a Deus pela beleza da criação, que nos alegra. E nós lhe agradecemos pelas dádivas que Ele nos dará no dia de hoje, pelo pão, pelo azeite e pelo vinho, que enche nosso coração de alegria.

E é um bom ritual agradecer a Deus no fim de cada dia pelas bênçãos que Ele nos concedeu no dia de hoje, pelo pão recebido no momento oportuno. À noite, podemos estender nossas mãos a Deus na forma de um vaso e lhe agradecer por tudo que Ele colocou em nossa mão: experiências lindas, qualidades como força ou clareza, carinho ou criatividade. O dia que iniciamos com louvor e encerramos com gratidão é um dia bom, um dia abençoado. Não atravessamos o mundo cegos, mas percebemos a beleza de Deus e as suas bênçãos. Esses rituais de louvor e gratidão preenchem nosso coração com alegria. O coração se abre para a riqueza da vida que Deus deseja nos dar.

Rituais criam um tempo sagrado, um tempo que pertence a nós e a Deus, um tempo que ninguém pode nos tirar. Se exercitarmos diariamente os nossos rituais pessoais, sentimos: Somos nós que vivemos, não somos vividos por outros. O ritual nos coloca em contato conosco mesmos. Podemos tomar fôlego. Estamos livres.

O tempo sagrado do ritual transformará também o restante do tempo do dia. E os rituais nos oferecem um fundamento.

Eles estruturam o dia e nos convidam a interrompermos nossas atividades em determinadas horas do dia para reencontrarmos o nosso fundamento. Esse fundamento tem um efeito curador especialmente para aquelas pessoas que costumam ser levadas pela vida, que são vividas e que não vivem por conta própria.

Conheço pessoas depressivas que recuperaram sua saúde por meio de rituais. Elas não afundam mais em tristeza, mas encontram apoio no ritual. Rituais transmitem uma sensação de acolhimento especialmente para pessoas solitárias e idosas. Elas encontram seu lar na vida estruturada pelos rituais.

E rituais nos permitem participar das raízes, da força de vida e de fé de nossos antepassados. Pessoas sem raízes costumam adoecer mais facilmente, pois é dessas raízes que vem a nossa força para enfrentar as exigências e os desafios da vida.

2

"CARREGAI O PESO UNS DOS OUTROS"

Como aprender a viver comigo mesmo e com os outros

Encontrar orientação

Feliz aquele que não anda em companhia dos ímpios, não se detém no caminho dos pecadores nem se assenta na reunião dos zombadores, mas na Lei do Senhor se compraz e recita sua Lei dia e noite! Ele é como árvore plantada à beira da água corrente: produz fruto a seu tempo e sua folhagem não murcha; tudo o que ele faz prospera. Não são assim os ímpios: são como a palha que o vento dispersa. Por isso não se levantarão os ímpios no julgamento, nem os pecadores, na assembleia dos justos. Pois o Senhor conhece o caminho dos justos, o caminho dos ímpios, porém, se perde.

Sl 1

O salmista faz uma distinção entre dois caminhos: o caminho do justo e o caminho do ímpio. O ser humano precisa escolher entre esses dois caminhos. O primeiro caminho é caracterizado pelo fato de não zombarmos dos outros. Temos prazer com a instrução do Senhor e refletimos sobre sua Lei dia e noite, meditamos constantemente sobre ela. Aquele que vive dessa forma é como uma árvore junto a um riacho. Ele produz frutos abundantes. O ímpio, por sua vez, não permanecerá. Ele é como palha levada pelo vento.

Somos confrontados com a pergunta: Qual caminho queremos seguir? Na linguagem dos salmos, o ímpio não é necessariamente aquele que comete grandes crimes, mas simplesmente aquele que não se importa com a Lei de Deus, que acredita poder seguir seus próprios desejos e caprichos, que acredita não ter que respeitar as outras pessoas, muito menos a Deus. O ímpio é aquele que não pensa em Deus. *"Frevler"*, a palavra para "ímpio" em alemão, é a mesma que se refere à pessoa atrevida, ousada, orgulhosa e teimosa, que não se importa com nada e acredita poder conseguir tudo que ele quer. Mas essa pessoa não tem raízes, ela resseca. Ela é soprada para cá e para lá como a palha pelo vento. Assim, o salmo nos convida a escolhermos o caminho da pessoa justa e sábia, que se alegra com a Lei de Deus. Para ele, os mandamentos do Senhor não são um fardo, mas uma orientação para uma vida bem-sucedida.

Os gregos conhecem a lenda de Héracles na encruzilhada. Nessa encruzilhada, ele precisa decidir se seguirá a mulher que representa a virtude ou a mulher que pretende conquistá-lo para a diversão. Diariamente somos confrontados com a pergunta se queremos nos decidir pela vida consciente ou se preferimos deixar nos levar, se queremos nos decidir pela vida ou pela morte, pela alegria ou pela autocomiseração, pela confiança ou pelo medo. O salmo nos convida a optarmos pela vida.

* * *

Na verdade, este mandamento que hoje te prescrevo não é difícil para ti nem está fora de teu alcance. Não está nos céus, para que digas: "Quem poderá subir ao céu por nós para apanhá-lo e no-lo dar a conhecer, e assim possamos cumpri-lo?" Não está do outro lado do mar, para que digas: "Quem atravessará o mar por nós para apanhá-lo e no-lo dar a conhecer, e assim possamos cumpri-lo?" Ao contrário, a palavra está bem ao teu alcance, está em tua boca e em teu coração, para que a possas cumprir.

Dt 30,11-14

*A*lguns acreditam que os mandamentos de Deus exigem demais de nós. Que eles são um fardo para nós. Mas Moisés diz aos israelitas que o mandamento não está fora do seu alcance. Não é um mandamento alienado do mundo, mas uma diretriz muito próxima ao ser humano que corresponde à sua natureza. Ela está em seu coração e em sua boca. Isso significa: O mandamento que Deus nos dá corresponde à natureza do coração humano. Nosso coração, quando é sincero, pensa igual a diretriz de Deus.

A Bíblia fala de diretriz – *Torá* em hebraico – e não de norma. Em alemão falamos de *Gebote* – mandamentos – e isso tem uma conotação negativa. Mas *Gebot* vem de "oferecer, estender, mandar". E essa palavra significa originalmente: "despertar, perceber, estar mentalmente ativo". *Gebot* tem a mesma raiz da palavra *Buda*, que significa: "aquele que despertou". Os mandamentos pretendem nos despertar para que possamos ver o mundo como ele realmente é. Eles não são fruto de um capricho de Deus, mas de sua preocupação com o ser humano, para que vivamos de maneira que corresponda à nossa essência.

Por isso, os israelitas experimentaram os mandamentos de Deus como uma bênção, como aquilo que corresponde ao seu íntimo e que protege a sabedoria do coração. Podemos imaginar o que seria se não houvesse mandamentos. Nós nos sentiríamos desorientados. E teríamos medo da sociedade, pois não existiria clareza, não existiria nenhuma ordem em que pudéssemos confiar. No meio de um mundo inseguro, mandamentos nos dão segurança e confiança.

* * *

Quando, pois, os pagãos, que não têm Lei, cumprem naturalmente os preceitos da Lei, eles mesmos, não tendo Lei, são para si a Lei. Com isso mostram que os preceitos da Lei estão escritos em seus corações; eles têm como testemunha a própria consciência e seus pensamentos que ora os acusam e ora os defendem.

Rm 2,14s.

Deus deu a Lei não só aos judeus. Ele a colocou em cada coração humano. Também os pagãos – os que não creem –, mas também os representantes de outras religiões têm a Lei de Deus em seu coração. Quando seguem seu coração, eles agem de acordo com o mandamento de Deus. A Lei está inscrita no coração de cada um, e a instância que mostra ao ser humano o que ela manda é a consciência.

Paulo usa aqui a palavra grega *syneidesis*. É a visão conjunta daquilo que vemos de fora e do conhecimento interior do nosso coração. Nosso coração avalia tudo que vivenciamos, e a consciência nos lembra dos mandamentos de Deus, ela nos chama para a conversão, para que sigamos os mandamentos. Aquele que ouve sua consciência reconhece o que Deus quer dele. E a consciência o encoraja a seguir aquilo que a Lei de Deus disse também explicitamente. Mas ninguém pode alegar que não conhece os mandamentos de Deus, pois Ele os inscreveu no coração de cada ser humano.

Isso independe da religião, da cultura e também do ambiente social. Também a pessoa que cresce entre más companhias possui em sua consciência uma noção daquilo que corresponde ao seu ser. Por isso – assim afirma Paulo – nenhuma pessoa pode ser desculpada (cf. Rm 1,20). Cada pessoa possui uma consciência. Muitas vezes, porém, reprimimos a consciência, dando mais valor à ganância.

Paulo nos encoraja a seguir a consciência. Caso contrário, surge um conflito dentro de nós que não nos faz bem. Vivemos algo que não corresponde à nossa consciência interna. Isso nos torna duros e insensíveis ou nos adoece. Viver segundo a consciência nos dá paz interior.

* * *

Não sabeis que o que entra pela boca desce ao estômago e é evacuado para o esgoto? Mas o que sai da boca provém do coração, e isso torna a pessoa impura. Porque do coração provêm os maus pensamentos, os homicídios, os adultérios, a prostituição, os roubos, os falsos testemunhos, as calúnias. É isso o que torna alguém impuro. Mas comer sem lavar as mãos, isso não torna ninguém impuro.

Mt 15,17-20

Os fariseus se irritam porque os discípulos de Jesus não lavam suas mãos antes de comer. Perante a Lei, isso os torna impuros. Além disso, o ser humano também não deve ingerir alimentos impuros. Isso também o torna impuro.

Jesus contrapõe a essas regras estritas de pureza ritual a sua palavra: Não é aquilo que entra pela boca que torna o homem impuro, mas aquilo que sai de sua boca. Pois isso sai de seu coração. E quando saem pensamentos e atos maus do coração, o homem é contaminado por eles.

Trata-se, portanto, de purificar o coração e não as mãos. Lavar as mãos pode ser um sinal de boa educação. Mas o que realmente importa é se as pessoas interagem de maneira pura, sem segundas intenções ou se elas têm pensamentos maus umas sobre as outras, se elas caluniam as outras ou se roubam ou matam umas às outras.

Jesus transfere o aspecto puramente ritual para a ética. O que importa são a postura ética e a ação, não regulamentações externas. O decisivo é o que possibilita o convívio dos seres humanos. E um bom convívio só é possível quando o ser humano tem um coração puro, sem segundas intenções. Por isso, Jesus diz que bem-aventurados são aqueles que possuem um coração puro (cf. Mt 5,8). Nossa tarefa consiste em purificarmos constantemente o nosso coração de pensamentos e emoções que obscurecem o nosso espírito.

O silêncio é uma boa maneira para nos purificarmos internamente. É como o vinho. Ele precisa primeiro descansar na taça para que as impurezas se assentem no fundo.

* * *

Os frutos do Espírito são: amor, alegria, paz, paciência, afabilidade, bondade, fidelidade, mansidão, continência.

Gl 5,22s.

*S*ão nove as posturas e virtudes que Paulo cita como frutos do Espírito. Essas virtudes devem ser a ambição do cristão. Nada lhe adianta apenas falar do Espírito e acreditar-se pleno desse Espírito. O Espírito de Deus deseja se expressar no ser humano em posturas e condutas concretas. Estas três virtudes revelam a imagem paulina do ser humano:

A primeira postura é o amor. Ele é central. Paulo explicou isso já em seu hino ao amor em 1Cor 13.

Mas também a alegria como humor básico do ser humano é um fruto do Espírito. A alegria é mais do que apenas uma constituição psíquica. A pessoa impregnada do Espírito de Jesus vive cheia de alegria com um coração aberto. E essa abertura do coração se expressa em paz e paciência. Paciência é o coração grande e aberto, e paz é a capacidade de fazer com que todas melodias no coração harmonizem numa sinfonia.

Afabilidade e bondade são inseparáveis. Afabilidade se refere mais à aura que uma pessoa irradia. A bondade se refere aos seus atos bons. Uma pessoa marcada pelo Espírito é boa e se comporta de forma boa em relação às outras pessoas.

Fidelidade significa sempre ser fiel a uma pessoa. Eu estou do lado dessa pessoa. Ela pode confiar em mim. Mansidão é a conduta pacífica em relação ao próximo. A palavra *Sanftmut* em alemão significa coragem para uma postura mansa. *Sanft* provém de recolher. É a coragem de recolher tudo dentro de mim, de aceitar tudo que está dentro de mim. Isso me capacita a aceitar também o outro com tudo que está dentro dele.

A última postura citada por Paulo é o conceito helênico da *enkrateia*, que significa autodomínio e autodisciplina. O ser humano domina sobre si mesmo e não é dominado por seus desejos. Ele se aproxima bastante de outro conceito grego, da *askesis*, do exercício, do treinamento. O cristão deve se exercitar na liberdade interior.

Ninguém tem essas nove virtudes como posse. Elas nos são dadas, mas devemos também exercitá-las. Elas indicam a meta em direção da qual avançamos. E estamos nesse caminho a vida toda, exercitando essas posturas para interiorizá-las.

Seria um bom exercício concentrar-se em uma postura diferente a cada dia para exercitá-la conscientemente. Em meu livro *50 anjos para o ano* eu conectei cada postura com um anjo. Não precisamos forçar a produção da virtude dentro de nós. Ela já está dentro de nós.

O anjo do amor, o anjo da alegria e o anjo da mansidão nos colocam em contato com essas posturas e virtudes que existem em nossa alma, mas das quais estamos separados muitas vezes.

Quando permitimos que o anjo nos coloque em contato com a virtude que escolhemos para o dia de hoje, a nossa vida é enriquecida. A virtude é uma dádiva que nos capacita para uma vida bem-sucedida.

* * *

Se, pois, há uma consolação em Cristo, um estímulo no amor, uma comunhão no Espírito, uma ternura e compaixão, completai minha alegria, permanecendo unidos no mesmo pensar, no mesmo amor, no mesmo ânimo, no mesmo sentir. Não façais nada com espírito de rivalidade ou de vanglória; ao contrário, cada um considere com humildade os outros superiores a si mesmo, não visando ao próprio interesse mas ao dos outros. Tende em vós os mesmos sentimentos de Cristo Jesus...

Fl 2,1-5

*N*á Carta aos Gálatas, Paulo descreve as posturas que considera frutos do Espírito. Aqui na Carta aos Filipenses ele apresenta Jesus Cristo como exemplo aos seus leitores. Eles devem ter os mesmos sentimentos de Jesus Cristo. As posturas que Paulo reconhece em Jesus e sugere aos Filipenses visam todas à comunhão entre eles. Por isso, uma preocupação atordoa o Apóstolo, que se encontra numa prisão e só pode contribuir suas palavras para que a comunhão dos recém-convertidos não se desfaça, mas que permaneça em harmonia. Paulo quer encorajar seus irmãos e suas irmãs em Cristo e apontá-los para a união que eles receberam por meio do Espírito Santo. E menciona a ternura e compaixão que eles encontraram em Jesus Cristo. Agora, sua conduta deve corresponder a essas qualidades que eles receberam por meio de Cristo. E uma conduta que flui do Espírito de Jesus lhe causa grande alegria.

Paulo faz quatro pedidos: Os filipenses devem pensar o mesmo, cultivar o mesmo amor, ter o mesmo ânimo e querer o mesmo. No texto grego, esses quatro desejos são emoldurados pelo duplo *phronein*, que significa "pensar, refletir". Os filipenses devem refletir "o mesmo" e "uma só coisa". Devem pensar na mesma direção. Paulo interpreta isso com o mesmo amor. Eles devem ter um só amor por todos.

Então ele fala dessa "única coisa", que os destinatários devem refletir, *to hen*, um conceito importante na filosofia grega. Os gregos sofriam com o conflito interno entre espírito e pulsão, entre pensamento e emoção, entre as diferentes necessidades. E eles sofriam com a divisão que separava as comunidades humanas. Os filipenses devem buscar a união. Eles devem contemplar a única coisa necessária e decisiva que eles receberam em Jesus Cristo: seu santo Espírito da união, seu amor que suspende a divisão. Se eles se concentraram naquela uma coisa, suas almas se unirão, eles se tornarão *sympsychoi*. A comunidade receberá uma única alma.

Evidentemente esta era a maior preocupação do Apóstolo na prisão: que a comunidade que ele havia fundado pudesse se dividir. Ele não está pensando nos falsos mestres, mas nas tendências divisoras que operam em toda comunidade: lutas de poder, preconceitos, simpatias e antipatias. São sobretudo duas as posturas que ameaçam a vida comunitária: rivalidade e vanglória. A rivalidade é fruto de um coração dividido. Uma pessoa que briga constantemente com outros transfere sua divisão interior para os outros. A vanglória vazia ocorre principalmente em pessoas cheias de complexos de inferioridade. Precisam sempre falar de si mesmas e se gabar de algo. Mas a expressão grega diz que esses autoelogios são vazios. São palavras às quais não corresponde nenhuma realidade, por isso deixam uma impressão vazia e insossa em seus ouvintes.

A condição fundamental para uma vida comunitária frutífera é, segundo Paulo, a humildade. A humildade é a coragem de perceber e aceitar a própria humanidade com seus altos e baixos. Para Paulo, a essência da humildade se expressa no fato de eu considerar o meu próximo mais do que a mim mesmo. Isso não significa que eu preciso me fazer menor do que sou. Não se trata de diminuir o meu valor para aumentar o valor do outro. Só consigo reconhecer o valor do outro se eu também reconhecer meu próprio valor. Mas não preciso provar a minha dignidade. Estou livre para enxergar o outro em sua dignidade e de me alegrar com isso. E estou livre para ignorar a mim mesmo e olhar para aquilo que os outros necessitam. Humildade não é desprezo próprio, mas a liberdade interior para o apreço do outro. E na humildade encontramos também a sensibilidade para perceber o que faz bem ao outro. Essa postura é necessária para que as pessoas consigam conviver em harmonia sem concorrência constante, sem a pressão da rivalidade com o outro.

Paulo deseja que os filipenses se concentrem na mesma coisa que determinou Jesus Cristo em sua encarnação e em sua vida e morte. Eles devem meditar e interiorizar o mesmo sentimento de Jesus. Assim seu convívio será bem-sucedido e sua vida se tornará testemunho para Cristo. Paulo não tem em vista a pessoa histórica de Jesus com sua psicologia individual. Ele reconhece o sentimento de Jesus já em sua encarnação. Quando Jesus se fez homem, Ele desceu do céu demonstrando sua humildade; e tal humildade alcançou seu auge em sua morte na cruz.

* * *

Se eu falar as línguas de homens e anjos, mas não tiver amor, sou como bronze que soa ou tímpano que retine. E se eu possuir o dom da profecia, conhecer todos os mistérios e toda a ciência e tiver tanta fé que chegue a transportar montanhas, mas não tiver amor, nada sou. E se eu repartir todos os meus bens entre os pobres e entregar meu corpo ao fogo, mas não tiver amor, nada disso me aproveita. O amor é paciente, o amor é benigno, não é invejoso; o amor não é orgulhoso, não se envaidece; não é descortês, não é interesseiro, não se irrita, não guarda rancor; não se alegra com a injustiça, mas regozija-se com a verdade; tudo desculpa, tudo crê, tudo espera, tudo suporta. O amor jamais acaba; as profecias terão fim; as línguas emudecerão; a ciência terminará.

1Cor 13,1-8

$\mathcal{P}$aulo escreve aqui não sobre o amor a Deus nem ao ser humano, nem sobre o amor entre homem e mulher, mas sobre o amor como poder, como capacidade, como força que transforma a vida e lhe confere uma sensação de amplidão, liberdade e afeto. No capítulo 12, ele havia descrito os diferentes dons do Espírito Santo. Por meio do Espírito Santo, Deus havia concedido carismas à Igreja em Corinto, o carisma da verdade, da fé, da cura, da profecia, do discernimento dos espíritos, da glossolalia. No capítulo 12, conclama os coríntios para que não apostem nos dons espetaculares do Espírito, mas que busquem os dons mais sublimes. O dom mais sublime que o Espírito nos dá é o amor. Assim Paulo aponta um caminho para a vida cristã bem-sucedida. Ele descreve as possibilidades que Deus plantou em nosso coração por meio do amor.

O próprio Deus nos capacita para o amor. Mas a nossa tarefa é ambicionar esse amor que nos foi dado como dom, é realizá-lo na nossa vida concreta.

Nesse capítulo artisticamente estruturado, Paulo não escreve sobre a ação daquele que ama, nem sobre o amor fraternal nem sobre o amor a Deus. De certo modo, ele personifica o amor. Ele não é apenas um dom de Deus, mas compartilha de Deus, e nele nós participamos de Deus. Nesse texto, percebemos a influência da formação filosófica de Paulo. Tanto Platão quanto Aristóteles escreveram sobre o mistério do amor. Para Platão, o amor é uma força divina que impregna todo o ser do mundo e garante que o mundo não se desfaça, mas que une incansavelmente aquilo que se separou. Em nosso tempo foi principalmente o filósofo Gabriel Marcel que retomou esse ensinamento. Para o filósofo francês, o amor e o ser são idênticos. O amor é o fundamento primordial de todo ser. Ele está presente em tudo. O amor é também o fundamento do ser da humanidade.

Para mim, essa visão filosófica do amor é importante. Pois sempre que contemplamos o amor apenas de um ponto de vista moralizante, como ordem que precisamos amar os outros de modo altruísta, ela nos esgota. A primeira mensagem do Apóstolo Paulo é que o amor é um dom de Deus, um poder que transforma a nossa vida. No fim das contas, o amor é, para Paulo, o próprio Espírito Santo, que Deus nos dá. O Espírito Santo é amor. Por isso, Paulo diz na Carta aos Romanos: "O amor de Deus se derramou em nossos corações pelo Espírito Santo, que nos foi dado" (5,5). O amor é algo divino, algo que vem de Deus e que é o próprio Deus. No amor sempre já participamos de Deus. Mas esse amor divino se expressa em nosso amor humano, no amor entre homem e mulher, no amor ao próximo, no amor-próprio e no amor a Deus. Todas essas formas do amor nos permitem participar do poder do amor que Paulo descreve, do amor que confere à nossa vida uma nova qualidade de vivacidade e felicidade e cura as nossas feridas.

A mensagem verdadeira do texto, para mim, é esta: Mesmo quando você não se sente amado e não tem ninguém que o ame, confie no amor que está em seu íntimo. Você tem aí dentro uma noção do amor. Você anseia pelo amor e nesse seu anseio já existe amor. Mesmo que o amor lhe cause sofrimento, você sabe o que é amor. Portanto, confie no amor que está dentro de você, e não importa se você está apaixonado neste momento ou não, se você é amado por uma pessoa ou não. Dentro de você está o dom do amor que o próprio Deus colocou em seu coração. Confie nesse amor. Dê espaço a ele. Sinta-o. Desfrute-o. Ele enriquecerá a sua vida e trará muitas possibilidades de encará-la de maneira positiva. Tente viver essas possibilidades do amor. Assim sua vida será realmente bem-sucedida. Assim você poderá experimentar os dons do amor com gratidão.

Quando você ouvir as palavras de 1Cor 13, permita que elas entrem em seu coração. E você sentirá que elas despertam seu anseio de amor. Não diga que são elevadas demais para você. Também não se pergunte imediatamente se você consegue cumpri-las. Use as palavras para entrar em contato com o amor que está adormecido no fundo do seu coração e que deseja ser despertado por meio dessas palavras para que ele possa impregnar todo o seu ser.

* * *

Caríssimos, amemo-nos uns aos outros, porque o amor vem de Deus, e quem ama nasceu de Deus e conhece a Deus. Quem não ama não conheceu a Deus, porque Deus é amor.

1Jo 4,7s.

$\mathcal{E}$m sua carta, João vincula o amor que demonstramos uns pelos outros ao amor que é o próprio Deus. Quem ama é nascido de Deus, como diz o texto grego literalmente. E quem ama conhece a Deus. *Gnosis*, conhecimento, era o anseio mais primordial dos gregos. Mas João conecta esse conhecimento com o amor. Não existe conhecimento abstrato, puramente teórico de Deus. Eu conheço Deus quando eu amo. Pois o amor é de Deus, ele flui de Deus. E quando amo, eu participo do amor que flui de Deus para o meu coração.

E então João define Deus: Deus é amor. No texto grego não há artigo ("Deus é o amor"), mas simplesmente: Deus é amor. João identifica Deus não com o amor. O amor descreve a essência de Deus como amor. O ser de Deus se propaga como amor. Ao longo de sua carta, João volta repetidas vezes a falar sobre a relação entre Deus como amor e o amor ao irmão e à irmã. Quem acredita estar amando a Deus sem amar o próximo, nada compreendeu de Deus e do amor. Ele está se iludindo. "Pois quem não ama o seu irmão, a quem vê, não pode amar a Deus, a quem não vê" (1Jo 4,20).

A precondição para a nossa capacidade de amarmos uns aos outros é Deus, que é amor. É de Deus que o amor flui até nós e para dentro de nós. Mas não podemos desfrutar esse amor apenas para nós mesmos. Ele deseja fluir através de nós para as outras pessoas. Quem impedir esse fluxo, perverterá o amor que experimentou e se transformará em um mentiroso e hipócrita. Apenas aquele que ama a si mesmo e ao próximo entendeu e experimentou Deus corretamente.

Muitos concordarão com esses pensamentos sobre o amor. Mas muitas vezes a realidade é diferente. Acreditamos que amamos nossos filhos. Mas nós os amamos apenas enquanto eles cumprirem as nossas expectativas. Outros dizem amar os animais, mas eles nem percebem a brutalidade com que tratam as pessoas que não concordam com eles.

Muitas vezes o amor é apenas parte da nossa alma. A outra parte é marcada pelo ódio, e assim vivemos um conflito interior. Em seus lares, os nazistas eram, muitas vezes, amorosos pais de família, mas isso não os impediu de tratar outros seres humanos com brutalidade e barbaridade.

Cada ser humano tem algo ou alguém que ele ama. Mas a pergunta é se o amor determina toda a nossa conduta e todos os nossos relacionamentos. Nossa tarefa é fazer com que o amor, que está presente no fundo da nossa alma como uma fonte, inunda todo o nosso pensamento, toda a nossa fala e toda a nossa ação, para que ele possa fluir para todas as pessoas. Esta é uma tarefa vitalícia. Pois sempre corremos o perigo de nos dividir internamente em uma pessoa que ama e uma pessoa que odeia. O amor deveria superar essa divisão.

Tomar decisões

Ouve, Israel! Javé nosso Deus é o único Javé. Amarás o Senhor teu Deus com todo o coração, com toda a alma, com todas as forças. E trarás no teu coração todas estas palavras que hoje te ordeno.

Dt 6,4-6

Cada judeu piedoso recita diariamente: "Ouve, Israel! Javé nosso Deus é o único Senhor". Visto que Javé é o único Deus, o homem crente precisa se decidir por Deus e se afastar de todos os outros deuses e ídolos. A decisão fundamental do crente judeu é a decisão pelo Deus uno e verdadeiro. Mas essa decisão fundamental precisa se expressar em amor a Ele. A pessoa piedosa deve orientar todo o seu coração, toda a sua alma e todas as suas forças por Ele. O amor aqui não significa uma emoção, mas uma decisão a favor de Deus. Aposto todo o meu ser nele, que é o fundamento da minha vida e o objeto do meu anseio. Todo meu amor se volta para Ele.

Diariamente somos confrontados com a decisão fundamental se queremos adorar o único Deus ou os muitos ídolos, se dinheiro ou reconhecimento são mais importantes do que Deus. Diariamente somos confrontados com a decisão a quem desejamos dedicar todas as nossas forças e toda a nossa alma, sobre o que queremos refletir constantemente e qual é a nossa ambição. Quando todo o nosso pensamento visa apenas a uma multiplicação de dinheiro e reconhecimento, nós nos tornamos escravos de ídolos. Israel sempre entendeu a decisão pelo Deus único também como decisão pela liberdade. Deus liberta o ser humano, os ídolos o escravizam. A psicologia nos diz: Sempre adoramos um deus, ou o Deus dos céus ou os ídolos terrenos. Assim também a psicologia nos confronta com a decisão. No fundo, sempre se trata de uma decisão pela vida, pela liberdade e pelo amor.

* * *

Cito hoje o céu e a terra como testemunhas contra vós de que vos propus a vida e a morte, a bênção e a maldição. Escolhe, pois, a vida para que vivas com tua descendência, amando o Senhor teu Deus, escutando sua voz e apegando-te a Ele. Pois isso significa vida para ti e tua permanência estável sobre a terra que o Senhor jurou dar a teus pais, Abraão, Isaac e Jacó".

Dt 30,19s.

*M*oisés obriga o povo a tomar uma decisão. Ele o confronta com vida e morte, felicidade e infelicidade. Cabe ao povo decidir-se pela vida e pela felicidade ou pela morte e pela infelicidade. Moisés encoraja o povo a decidir-se pela vida, que Deus não concede automaticamente: Ele exige que o ser humano se decida. Sem decisão a vida humana não pode ser bem-sucedida. Quando a pessoa se decide pela vida e se apoia em Deus, isso faz bem não só a ela mesma, mas também aos seus descendentes. E Deus a recompensa com uma vida longa na terra que Ele lhe prometeu. A nossa Terra Prometida é a terra em que nós vivemos e não somos vividos, onde entramos em contato com nosso verdadeiro *self* e escapamos da alienação em que nos encontramos tantas vezes.

O ser humano – assim diz a teologia – não toma apenas decisões, ele é decisão segundo sua essência. Ele não se deixa levar pela vida. Isso iria contra a sua essência. Ele precisa tomar decisões para si mesmo e para a sua essência histórica, caso contrário ele não cumpre a sua humanidade. O ser humano é um ser histórico. Ele muda a história por meio de suas decisões. A história não é simplesmente um programa de computador que já determinou tudo que acontecerá; ela é influenciada e moldada por essas decisões. O ser humano não existe apenas, ele precisa primeiro tornar-se aquele que deseja ser e que é segundo a sua essência. Por meio de suas decisões, ele cria sua existência histórica única. Somos responsáveis por nós mesmos e por nossa história. Nossas decisões moldam a nossa vida.

* * *

Amarás o teu próximo como a ti mesmo.

Lv 19,18

No Antigo Testamento, Deus encoraja o ser humano a amar seu próximo como a si mesmo. É uma decisão fundamental que cada um precisa tomar pessoalmente, sem a qual o convívio humano não é possível. É preciso um equilíbrio entre amor-próprio e amor ao próximo. Quando vivemos um desses polos unilateralmente, o amor é distorcido. Aquele que ama apenas a si mesmo acaba se isolando. Ele cai – como o diz a psicóloga Ursula Nuber – na armadilha do egoísmo. Ele se ama tanto que acaba se sentindo solitário. Ele não consegue alcançar o que almeja. E aquele que ama apenas o próximo e não dá nada a si mesmo endurece e se torna agressivo. Ele se sente explorado ou se impõe ao outro, perdendo a sensibilidade para aquilo que o outro realmente necessita. E quem ama apenas o próximo se esgota muitas vezes. Ele não consegue enxergar suas próprias motivações por trás do seu amor. Um psicólogo costuma dizer: "Aquele que dá muito precisa de muito". Existem pessoas que dão muito amor porque precisam de muito amor. Mas quando damos porque necessitamos, sempre acabamos perdendo. E em algum momento ficamos amargurados ou exaustos. Quando damos aquilo que naturalmente flui de dentro de nós, fazemos bem a nós mesmos e aos outros. Nesse caso, o amor ao próximo é também expressão do amor-próprio. Ele não se impõe ao outro, mas ajuda o outro quando este realmente precisa.

* * *

Quando um estrangeiro vier morar convosco no país, não o maltrateis. O estrangeiro que mora convosco será para vós como o nativo do país. Ama-o como a ti mesmo, porque fostes estrangeiros no Egito. Eu sou o Senhor vosso Deus.

Lv 19,33s.

O amor ao próximo vale não só para o conterrâneo, mas também para o estrangeiro. Deus explica esse mandamento lembrando que os israelitas também foram estrangeiros no Egito e que eles sabem o que significa viver em terra estrangeira. Eles devem reconhecer no estrangeiro uma imagem de si mesmos. Ao amarem o estrangeiro, eles amam a si mesmos como forasteiros. Eles se sentem solidários com o estrangeiro e o acolhem em sua comunidade. Ele é igual a um conterrâneo. Eles não permitem que ele se sinta como estrangeiro, mas o tratam como um dos seus. Esse mandamento de Deus é altamente atual na Europa, onde estrangeiros são numerosos em nossa terra. Muitas vezes, temos medo daquilo que vem de fora porque nos lembra daquilo que é estranho em nós mesmos. Achamos que nos conhecemos bem, mas em cada pessoa existem aspectos que lhe são estranhos. E o estrangeiro o lembra disso.

Isso assusta muitas pessoas. E por isso elas se defendem contra os estrangeiros e, ao mesmo tempo, contra aquilo que há de estranho dentro delas mesmas. O amor ao estrangeiro é, no fundo, também um modo concreto do amor-próprio (e Deus estabelece esse vínculo explicitamente). Devemos amar o estrangeiro como a nós mesmos, pois dentro de nós mesmos está o estranho do qual o estrangeiro nos faz lembrar.

* * *

Amai vossos inimigos e orai pelos que vos perseguem, para serdes filhos de vosso Pai que está nos céus. Porque Ele faz nascer o sol para bons e maus, e chover sobre justos e injustos.

Mt 5,44s.

*M*uitas vezes, a inimizade é produto de projeções. Alguém não consegue aceitar algo em si mesmo e projeta isso sobre nós e o combate em nós. A nossa reação normal é defender-nos e odiar esse inimigo porque ele quer nos prejudicar. Amor ao inimigo não significa deixá-lo em seu ódio e em seu comportamento destrutivo, mas deixar de vê-lo como inimigo. Reconhecemos nele aquele que está dividido em si mesmo, que se tornou inimigo de si mesmo e, por isso, precisa de nós como seus inimigos para desviar a atenção de si mesmo. Quando passamos a enxergar o outro dessa forma, deixamos de levar a sua conduta hostil para o lado pessoal. Reconhecemos nele alguém que deseja reestabelecer a harmonia consigo mesmo. Por isso, o amor ao inimigo se expressa primeiramente na oração pelo outro. Rezamos para que ele encontre a paz consigo mesmo. Quando isso acontece, ele não precisa mais da inimizade. A oração transforma o inimigo em amigo. Mas na maioria das vezes isso não acontece imediatamente. É preciso fé, paciência e esperança, para que a oração faça com que o outro entre em contato consigo mesmo, com o núcleo bom dentro de si. Quando isso acontece, ele deixa de ser o nosso inimigo.

Jesus compara o amor ao inimigo com o comportamento de Deus. Quando amamos o inimigo, compreendemos como Deus se comporta em relação a nós. Então participamos de sua conduta, pois Ele faz nascer o sol sobre os bons e os maus, e faz chover sobre os justos e os injustos. Assim nós também devemos fazer nascer o sol do nosso amor sobre os bons e os maus, na esperança de que ambos experimentem algo dessa luz e sejam transformados por ela. E devemos fazer cair a chuva da nossa assistência sobre os justos e os injustos, para que essa chuva dilua a dureza e a amargura da inimizade. Assim se diluem também as linhas de frente entre justos e injustos, e um convívio se torna possível.

* * *

Levantou-se um doutor da Lei e, para o testar, perguntou: "Mestre, o que devo fazer para alcançar a vida eterna?" Jesus lhe respondeu: "O que está escrito na Lei? Como é que tu lês?" Ele respondeu: "Amarás o Senhor teu Deus de todo o coração, com toda a alma, com todas as forças e com toda a mente, e o próximo como a ti mesmo". Jesus, então, lhe disse: "Respondeste bem. Faze isso e viverás". Mas, querendo justificar-se, perguntou a Jesus: "E quem é o meu próximo?" Jesus respondeu: "Um homem descia de Jerusalém a Jericó. Pelo caminho, caiu nas mãos de assaltantes. Estes, depois de lhe tirarem tudo e de o espancarem, foram embora, deixando-o quase morto. Por acaso, desceu pelo mesmo caminho um sacerdote. Vendo-o, desviou-se dele. Do mesmo modo um levita, passando por aquele lugar, também o viu e passou adiante. Mas um samaritano, que estava de viagem, chegou até ele. Quando o viu, ficou com pena dele. Aproximou-se, tratou das feridas, derramando nelas azeite e vinho. Depois colocou-o em cima da própria montaria, conduziu-o à pensão e cuidou dele. Pela manhã, tirando duas moedas de prata, deu-as ao dono da pensão e disse-lhe: 'Cuida dele e o que gastares a mais, na volta te pagarei'. Na tua opinião, quem destes três se tornou o próximo daquele que caiu nas mãos dos assaltantes?" Ele respondeu: "Aquele que teve pena dele". Então Jesus lhe disse: "Vai e faze tu o mesmo!"

Lc 10,25-37

$\mathcal{U}$m mestre da Lei quer discutir com Jesus sobre o que é necessário para ganhar a vida eterna. Jesus não se deixa envolver numa discussão teórica. Ele diz: "Faça isso, e você viverá!" É tão fácil. Mas para o mestre a resposta é direta demais. Ele prefere permanecer no nível teórico. Então pergunta: "E quem é meu próximo?"

Então Jesus conta o exemplo do bom samaritano. O sacerdote e o levita ignoram a angústia do homem assaltado. Provavelmente, sua pureza cultual lhes é mais importante do que a assistência. Eles violam o mandamento do amor ao próximo e se escondem por trás de normas. O samaritano, por sua vez, não pensa duas vezes. Ele vê o homem ferido, se compadece dele e age imediatamente. Ele limpa suas feridas com azeite e vinho e o leva para a próxima hospedaria. Jesus encerra sua história com a pergunta: "Quem desses três se tornou o próximo daquele que caiu nas mãos dos assaltantes?"

O mestre da Lei não tem outra opção senão responder: "Aquele que teve pena dele". E novamente Jesus dá uma resposta sucinta, mas de tal forma que o mestre da Lei e todos nós precisamos nos decidir: "Vá e faça o mesmo!"

Jesus não se perde em discussões. Ele confronta seus ouvintes com a decisão: Ou você se preocupa apenas consigo mesmo ou você realmente passa a se importar com seu próximo. Então se revelará se você entendeu a Lei de Deus ou não. Reflexões teóricas não nos levam a lugar nenhum. É apenas por meio da decisão que o outro se torna seu próximo.

* * *

Carregai o peso uns dos outros e assim cumprireis a lei de Cristo.

Gl 6,2

*N*esse curto versículo, o amor se torna concreto. Ele consiste em carregar o peso do outro. Peso significa fardo, aquilo que esmaga. Quando o outro se sente esmagado, devemos suportá-lo com paciência. São Bento cita esse versículo em sua regra. Ajudar a carregar o peso do outro, suportar uns aos outros é a condição para o convívio dos seres humanos. Isso vale para cada família, para cada comunidade monástica e para qualquer outro grupo, seja ele uma associação ou uma empresa. E vale também para a sociedade como um todo. Deixar o fraco cair viola a dignidade do ser humano. Paulo dá uma conotação positiva a esse apoio ao outro e o chama a Lei de Cristo, e nisso encontramos também a Lei do Antigo Testamento. Cristo tomou sobre si o nosso peso para que nós fizéssemos o mesmo e ajudássemos ao próximo a carregar o seu peso.

Não podemos simplesmente tirar todo o peso das costas do outro, mas podemos ajudá-lo a carregá-lo se não nos irritarmos com sua lentidão. Só conseguimos viver numa comunidade monástica se estivermos dispostos a suportar as fraquezas dos confrades. Um deles pode não ter um cheiro agradável. O outro pode ser lento demais no trabalho. Outro não suporta pressão e resmunga com cada tarefa que recebe. Podemos nos irritar com isso, mas isso aumenta nosso próprio peso. Ou podemos julgar o outro ou nos queixar sobre ele, mas isso torna insuportável a atmosfera na comunidade. Carregar o peso do outro significa para mim: aceitá-lo com suas fraquezas. Mas não devemos nos elevar acima dele. Só podemos agradecer por não termos essa fraqueza, mas ao mesmo tempo pensamos: Os outros também suportam algo em mim. Alguns aspectos nossos não são fáceis de aceitar. Assim, o convívio só pode dar certo se estivermos dispostos a carregar uns aos outros em vez de aumentar o peso que cada um carrega, aceitar-nos mutuamente em vez de julgar uns aos outros.

Saber brigar, conseguir perdoar

Então se aproximou Pedro e lhe perguntou: "Senhor, quantas vezes devo perdoar ao irmão que pecar contra mim? Até sete vezes?" Jesus lhe respondeu: "Não te digo até sete vezes, mas setenta e sete vezes".

Mt 18,21s.

*P*edro acredita que está sendo muito generoso quando se mostra disposto a perdoar sete vezes ao irmão ou à irmã. Na tradição, Deus perdoa duas ou três vezes o mesmo pecado, e a tradição sugere algo semelhante aos piedosos: Que perdoem duas ou três vezes. Por isso, Pedro acredita ter compreendido o espírito de Jesus prontificando-se a fazer mais do que o dobro. Mas Jesus o aponta para o perdão infinito.

Não importa se traduzimos o número proposto por Jesus como setenta e sete vezes ou setenta vezes sete vezes (ambas as traduções são comuns) — Jesus se refere a um perdão que não conhece limites. Devemos perdoar ao outro sempre de novo, e a razão é o perdão que recebemos de Deus. Jesus desdobra esse pensamento logo em seguida na Parábola do Credor Impiedoso (cf. Mt 18,23-35).

Deus perdoou a este uma quantia enorme de, digamos, 40 milhões de reais. Mas este, após essa experiência libertadora, nem esteve disposto a perdoar a um colega uma dívida de 40 reais. A misericórdia que demonstramos ao outro quando lhe perdoamos é uma resposta à misericórdia ilimitada que experimentamos com Deus.

Mateus inseriu essas palavras em seu capítulo sobre a regra da comunidade. O que ele quer dizer é: Uma comunidade cristã só consegue conviver a longo prazo se os membros se perdoarem sempre de novo. Sem perdão, nós nos transformaríamos em contadores mesquinhos que registram tudo que os outros nos devem. Isso tornaria impossível o convívio. Apenas se estivermos dispostos a nos perdoarmos mutuamente é que o convívio se torna possível. Perdoar não significa esquecer, mas não retribuir a ação que nos machucou. Deixamos de nos preocupar com a ferida. Nós a demitimos, como diz a palavra latina *dimittere*: Nós a mandamos embora, ela foi retornada ao remitente.

* * *

Jesus lhes propôs outra parábola: "O Reino dos Céus é semelhante a um homem que semeou boa semente em seu campo. Mas, enquanto todos dormiam, veio seu inimigo, semeou uma erva daninha, chamada joio, entre o trigo e foi embora. Quando o trigo germinou e fez a espiga, apareceu também o joio. Então os escravos do proprietário foram dizer-lhe: 'Senhor, não semeaste semente boa em teu campo? Donde vem, pois, o joio?' Ele respondeu: 'Foi um inimigo que fez isso'. Os escravos lhe perguntaram: 'Queres que vamos arrancá-lo?' Ele respondeu: 'Não, para que não aconteça que, ao arrancar o joio, arranqueis também o trigo. Deixai que os dois cresçam juntos até à colheita.

No tempo da colheita direi aos que cortam o trigo: colhei primeiro o joio e atai-o em feixes para queimar; depois, recolhei o trigo no meu celeiro'".

Mt 13,24-30

*M*uitas pessoas se mostram dispostas a perdoar ao próximo, mas não conseguem perdoar a si mesmas. Elas não conseguem renunciar à sua imagem idealizada de alguém que atravessa a vida sem cometer um erro. A essa incapacidade de perdoar a si mesmo Jesus responde com a Parábola do Joio no Meio do Trigo.

Querendo ou não, no campo da nossa vida não cresce apenas trigo, mas também joio. Os perfeccionistas tentam arrancar o joio com suas raízes. Mas Jesus alerta contra isso, pois ao arrancar o joio arrancaríamos também o trigo. As raízes do joio estão entrelaçadas com as raízes do trigo. Não devemos permitir que o joio cresça descontroladamente, devemos sempre apará-lo.

Mas acreditar que conseguiríamos viver sem qualquer joio, sem qualquer erro ou fraqueza, sem sombras, sem pecado e culpa, é uma ilusão. A quem investir toda a sua energia para erradicar os seus erros sobrará pouca vivacidade. Seu combate aos erros pode privá-lo também da paixão de se empenhar por uma causa.

O trigo precisa do joio para poder crescer. Nossas qualidades precisam das fraquezas como solo que lhes dá estabilidade. Mas apenas se aceitarmos que existem dentro de nós fraquezas, sombras e também culpa, apenas então o trigo pode dar frutos, apenas então a nossa vida se transforma em bênção para os outros.

Existem pessoas que investem toda a sua energia para erradicar seus erros. Talvez elas acreditem que estão cumprindo a vontade de Deus, mas, na verdade, o que importa é seu próprio ego, que deseja se apresentar ao mundo da melhor forma possível. O Espírito de Deus é mais amplo do que nosso pensamento mesquinho fixado no combate aos menores erros.

A essas pessoas falta a energia para viver, para se empenhar passionalmente pelos outros. Surge então o perigo de uma espiritualidade entediante no lugar de uma espiritualidade cheia de paixão.

* * *

Ao ver isso, Tiago e João disseram: "Senhor, queres que mandemos descer fogo do céu para acabar com eles?" Jesus, porém, voltou-se e os repreendeu.

Lc 9,54s.

*J*esus está a caminho de Jerusalém e precisa passar pela Samaria. Ele envia mensageiros para que achem uma hospedaria, mas Ele não é acolhido na aldeia em que pretende pernoitar. Os dois filhos do trovão, Tiago e João, reagem com agressividade. Querem mandar que fogo caia dos céus.

Isso revela uma autoimagem exagerada. Eles acreditam ter o poder de fazer cair fogo do céu.

Mas Jesus os repreende e corrige; não se trata de vingança. Se uma aldeia não deseja acolhê-lo, Ele a entrega ao seu próprio destino, mas não se vinga. Jesus reage com tranquilidade. Os discípulos permitem que suas agressões os dominem e se entregam a fantasias agressivas.

Mas Jesus não se deixa provocar, nem mesmo pela recusa da aldeia. Ele reage na base de seu espírito da reconciliação e não da vingança. Assim Ele nos instrui a não reagirmos a provocações com agressão, mas a permanecermos conosco mesmos.

Hoje em dia, podemos observar a agressividade dos filhos do trovão em grupos fanáticos que precisam condenar, humilhar e até mesmo matar aqueles que escolheram como seus inimigos. Isso vale para extremistas religiosos, que, em alguns casos, se transformam em terroristas e matam outras pessoas, porque estas são infiéis. Essas pessoas costumam ter medo da própria descrença no próprio coração. Mas já que não a admitem, precisam matar todos os infiéis, acreditando que, assim, conseguirão vencer sua própria descrença. Esse não é um caminho da transformação.

Isso vale também para todos os grupos que acreditam ter que impor com violência a sua ideologia – por exemplo, o seu estilo de vida ou seu modelo social. Quem tenta convencer outros de sua opinião com métodos exagerados e assim privá-los de sua dignidade ignora apenas a sua própria insegurança. Jesus descansa em si mesmo. Ele não precisa viver a sua fé e a sua compreensão do ser humano às custas de outros.

* * *

Cristo morreu e voltou à vida para ser o Senhor tanto dos mortos como dos vivos. Por que julgas então o teu irmão? Ou, por que desprezas o teu irmão? Todos temos que comparecer diante do tribunal de Deus.

Rm 14,9s.

Aqui Paulo traduz o mandamento de Jesus de não julgarmos os outros para a sua teologia. Ele justifica o mandamento de Jesus dizendo que este morreu por todos e agora, como Ressurreto, é Senhor sobre mortos e vivos. Jesus é, portanto, o Senhor do meu irmão e da minha irmã. Ele é o Senhor, por isso não posso me comportar como senhor dos outros. Não posso me elevar acima dos outros como seu juiz. Todos nós somos irmãos e irmãs subordinados ao mesmo Senhor Jesus Cristo. Quando julgo ou desprezo alguém, eu me coloco acima deles. Ao abandonar a minha existência como irmão, abandono também minha posição como cristão e me comporto como juiz sobre os outros.

Jesus ilustrou a desistência de julgar o outro com o cisco que costumamos ver no outro ao mesmo tempo em que ignoramos a trave em nosso próprio olho. Quando julgamos, ficamos cegos em relação às nossas fraquezas, que, muitas vezes, projetamos sobre aquele que julgamos.

Não devemos julgar para que não sejamos julgados (cf. Mt 7,1-3). Pois no fundo, quando jugamos os outros, estamos julgando a nós mesmos. Falamos sobre nós mesmos quando falamos sobre o outro. O poeta alemão Hermann Hesse diz: "O que não está dentro de nós não nos irrita". Falar dos outros e julgá-los é, no fim das contas, uma revelação das nossas próprias sombras. Em vez de projetá-las sobre o outro, deveríamos ver os outros como um espelho que nos ajuda a nos reconhecermos melhor.

O que fazer com minha culpa?

Lava-me todo inteiro da minha culpa e purifica-me do meu pecado! [...] O sacrifício agradável a Deus é um espírito contrito; um coração contrito e humilhado, ó Deus, Tu não o desprezarás.

Sl 51,4.19

Querendo ou não, o ser humano sempre será culpado de algo. Ele vivencia a culpa como algo que o suja, que ofusca o seu pensamento e contamina a sua alma. Gostaríamos de atravessar a vida sem jamais cometer algum erro, mas sentimos que isso não é possível, que sempre acabamos cometendo algum erro. Por isso, um dos nossos grandes anseios é sermos purificados de nossa culpa. Quando saímos de uma conversa desagradável em que não conseguimos manter a nossa clareza, sentimos a necessidade de tomar um banho. Queremos ser lavados e sair limpos do chuveiro. O salmista pede a Deus que o purifique, para que ele possa voltar a se sentir bem, puro e liberto.

A culpa destrói a nossa autoimagem. Não queremos ser culpados, mas nem sempre conseguimos ser fortes. Não fazemos o que realmente desejamos, nós cedemos à tentação de ferir o outro profundamente. Nós nos arrependemos de nossas palavras. Mas elas já foram ditas. Ou agimos de forma hipócrita ou falsa e depois nos envergonhamos disso. Não conseguimos conciliar a culpa com a nossa autoimagem. Ela destrói a imagem ideal que temos de nós mesmos.

O salmista faz a experiência de que sua culpa destruiu seu espírito e seu coração. Mas essa também é uma chance de abrir seu coração de maneira nova para Deus. O salmista agora lhe oferece seu coração contrito, confiante que este sacrifício é mais agradável a Deus do que o desempenho ou o esforço do qual poderia se gabar. Assim, o coração destruído produz uma nova abertura para Deus. O salmista se entrega totalmente a Deus, ao seu amor misericordioso. Ele nada tem a apresentar, apenas um coração contrito, para que Deus o preencha com seu amor.

* * *

Aproximou-se dele um leproso e, de joelhos, suplicou: "Se quiseres, podes limpar-me". Jesus se compadeceu dele, estendeu a mão, tocou-o e disse: "Eu quero, fica limpo". No mesmo instante a lepra desapareceu e ele ficou limpo.

Mc 1,40-42

*U*m leproso do Evangelho simboliza a pessoa que não consegue aceitar-se a si mesma. Ele não se sente bem em sua pele. Na época, os leprosos eram obrigados a viver em aldeias separadas. Isso também é uma imagem para nós: Quem não consegue se aceitar não se sente aceito pelos outros. Ele interpreta cada palavra e cada olhar do outro como rejeição. Assim ele se sente excluído da comunidade humana.

Um leproso se aproxima de Jesus e pede a cura. Ao ajoelhar-se, confessa que não consegue ajudar-se a si mesmo. Jesus se compadece dele, estende a mão e o toca, entrando em contanto com ele. Já que esse homem não consegue se aceitar, Jesus o aceita.

Mas então Jesus diz: "Eu quero, fica limpo!" Eu fico limpo quando me aceito. Não me torno quimicamente limpo, mas quando eu consigo me aceitar, tudo em e dentro de mim se torna limpo. Eu me sinto em harmonia comigo mesmo.

Mas isso é também uma responsabilidade minha. Alguns esperam apenas dos outros que eles os aceitem. Eles são carentes de aceitação, mas a aceitação que eles recebem nunca basta. Eles se recusam a dar o passo de aceitar a si mesmo. Muitas vezes, a incapacidade de aceitar-se a si mesmo tem a ver com o fato de que as imagens que temos de nós mesmos não condizem com a realidade. Nós nos aceitaríamos apenas se fôssemos ideais. Mas não conseguimos nos aceitar do jeito que somos. Por isso, precisamos nos despedir das ilusões que temos a nosso próprio respeito.

Jesus toca o leproso do jeito que ele é. Ele o aceita com a sua lepra. Mas isso é, ao mesmo tempo, um convite para que ele se aceite a si mesmo. O enfermo não pode esperar que Jesus o limpe completamente, sem qualquer contribuição sua. Ficar limpo significa sempre: aceitar o inaceitável, como o expressa Paul Tillich. Eu só me torno limpo se eu me libertar das minhas autoimagens exageradas e me aceitar do jeito que realmente sou.

* * *

Vendo isso, os fariseus disseram aos discípulos: "Por que vosso mestre come junto com cobradores de impostos e pecadores?" E Ele, que os ouvira, respondeu-lhes: "Não são os que têm saúde que precisam de médico, e sim os enfermos. Ide e aprendei o que significam as palavras: Quero misericórdia e não sacrifícios. Porque não vim para chamar os justos, mas os pecadores".

Mt 9,11-13

Jesus chamou o cobrador de impostos Mateus quando este estava sentado em sua guarita fiscal. Mateus o segue imediatamente e convida Jesus para a sua casa. Muitos cobradores de impostos e outras pessoas que costumam se sentir excluídas da comunidade dos piedosos ouvem isso. Na época, grupos sociais inteiros eram considerados pecadores. Não se tratava necessariamente de pessoas que haviam violado os mandamentos de Deus, mas simplesmente de pessoas que eram consideradas pecadores pelos outros. Jesus não tem medo de se misturar a eles. Ele come com eles. Por meio da refeição, Jesus lhes mostra que eles são aceitos por Deus. Assim, eles experimentam em seu próprio corpo a misericórdia de Deus.

Quando os fariseus se irritam com a conduta de Jesus, Ele responde: "Não são os que têm saúde que precisam de médico, e sim os enfermos". Os cobradores de impostos e os pecadores excluídos da comunhão dos piedosos precisam do médico Jesus, que cura as suas feridas. Ele não apenas os confirma, mas age como médico, para que eles sejam curados.

E então Jesus usa uma expressão da educação escolar judaica: "Ide e aprendei!" Trata-se de uma fórmula que introduz um importante passo de aprendizagem. O que precisa ser aprendido aqui é a palavra que já havia sido proclamada pelo Profeta Oseias: "Quero misericórdia e não sacrifícios" (cf. Os 6,6). Essas palavras remetem ao contexto em que sacrifícios de animais são oferecidos a Deus para agradar-lhe e comprovar o cumprimento das leis. Mas Jesus, em vez de dar importância a esse caminho, prefere que as pessoas aprendam a misericórdia. A misericórdia é a postura central de Deus, e se as pessoas quiserem agradar a Deus, elas precisam ser misericordiosas. Ao comer com os pecadores, Jesus tornou visível a misericórdia de Deus.

Todo o capítulo 15 do Evangelho de São Lucas com suas três parábolas – da ovelha perdida, da moeda perdida e do filho perdido – se refere ao convívio de Jesus com os pecadores e à sua mensagem que lhes transmite. Jesus não dramatiza o pecado, mas descreve sua natureza: O pecado ocorre quando o ser humano perde a si mesmo. O pecador perdeu o seu centro. Mas Jesus procura justamente a ovelha perdida e celebra quando a encontra. O que Ele faz reflete a alegria que Deus sente diante da conversão do pecador. Jesus sabe que, muitas vezes, eles são mais abertos para a misericórdia de Deus do que os justos. O justo acredita que consegue fazer tudo corretamente. Ele não precisa de Deus para ser justo. Ele gira apenas em torno de si mesmo. O pecador sabe de sua impotência. Ele sabe que depende da misericórdia de Deus.

Essa abertura para a misericórdia de Deus se mostra especialmente na Parábola do Filho Perdido. O filho mais novo, que gasta toda a sua fortuna e que está no fundo do poço, cai em si. Ele encontra seu *self* verdadeiro. E então percebe o que perdeu. Ele se levanta para voltar para o pai. O pai não o acusa de nada, apenas o abraça carinhosamente e faz uma grande festa: "Vamos comer e nos alegrar, porque este meu filho estava morto e voltou à vida, estava perdido e foi encontrado'" (Lc 15,23s.).

Mas o filho mais velho, que sempre ficou em casa e sempre cumpriu suas obrigações, se irrita com o retorno do irmão. Ele se irrita com a celebração do pai. O pai se volta para ele com o mesmo amor e lhe diz: "Filho, tu estás sempre comigo e tudo o que é meu é teu" (Lc 15,31). Mas Lucas não nos conta se, depois disso, o filho mais velho se mostra disposto a celebrar com seu filho ou se ele permanece em seu endurecimento e em sua justiça. Jesus não nos convida para pecarmos. Mas ele quer dar esperança àqueles que se perderam no pecado, a esperança de que Deus os aceita e que eles podem se encontrar em Deus, redescobrir sua verdadeira dignidade e celebrar.

* * *

É assim que conheceremos que somos da verdade, e diante dele
tranquilizaremos o nosso coração. Pois se o nosso coração nos
acusa, maior do que o nosso coração é Deus que sabe tudo.

1Jo 3,19s.

*M*uitas pessoas não conseguem perdoar a si mesmas.
Quando cometem um erro, elas se acusam e não conseguem
encontrar paz. Seu superego as condena constantemente.

Esse superego pode ser impiedoso em seu julgamento.
Numa situação em que nos acusamos constantemente por termos agido dessa ou daquela forma ou por sermos desse ou
daquele jeito a palavra da Primeira Carta de João nos ajuda.
Podemos responder às nossas autoacusações: "Mesmo que o
coração nos condene, Deus é maior do que o nosso coração, e
Ele sabe tudo".

Essa palavra pode nos acalmar. As autoacusações se calam,
sentimos que Deus é maior. Deus sabe tudo. Não precisamos
nos acusar em sua presença. Nosso coração é mesquinho, é in-
capaz de ser misericordioso conosco mesmos e de nos perdoar.
O coração de Deus é vasto.

Nessas palavras conseguimos perceber a vastidão do coração divino. E essa vastidão dissolve nossas acusações autodes-
truidoras. De repente, nosso coração se enche de paz.

* * *

Nisto consiste a perfeição do amor em nós: que tenhamos plena confiança no dia do julgamento. Pois assim como Ele é, assim também somos nós neste mundo. No amor não há temor, pois o amor perfeito joga fora o temor. Temor supõe castigo, e quem teme não é perfeito no amor.

1Jo 4,17s.

$\mathcal{N}$o amor podemos experimentar o amor de Deus em nós mesmos. E quando estamos nesse amor, ele expulsa todo medo de sermos castigados. Quem não o experimentou, vive cheio de medo, e o medo conta com a punição. Aqui se revela qual é a imagem de Deus que nós temos. Se tivermos apenas medo de Deus, que é tão grande e perfeito, vivemos no medo constante de não sermos bons o bastante e de sermos castigados por isso. Tememos esse castigo sobretudo no dia do Juízo, quando encontramos Deus na morte. Aquele que já experimentou o amor de Deus não teme o dia do Juízo. Ele está confiante.

Fazemos essa experiência também na esfera interpessoal. Muitas vezes, as pessoas que vivem em grande medo não têm relacionamentos com outras pessoas. Quem se sente amado por outras pessoas não tem tanto medo e consegue enfrentar a vida com mais confiança.

O amor do qual João fala em sua carta não é uma exigência moral. Esse amor é o próprio Deus. Quando realmente experimentamos Deus, experimentamos também o amor. E vice-versa: Quando experimentamos o amor, experimentamos Deus.

Ele é a razão do nosso amor. Cada um de nós deseja amar e ser amado. Cada um de nós faz experiências de satisfação e decepção no amor, de encanto e de mágoas. Todas essas experiências querem nos levar para a razão do nosso amor.

Experimentamos o amor *de* e *a* pessoas. Muitas vezes, esse amor é muito emocional. Mas esse amor humano emocional nos leva para a razão do nosso amor, para a fonte do amor que jorra no fundo da nossa alma. E essa fonte de amor é o próprio Deus. Quando estamos em contato com esse amor, todo medo de sermos punidos se dissolve. Nós experimentamos Deus de outra forma, como aquele que ama, não como aquele que castiga.

Não ajuda muito contrapor à imagem do Deus que pune uma imagem do Deus que ama. Pois isso só acontece na cabeça. Decisiva é a experiência do amor. Quando estamos no amor, quando o reconhecemos como fundamento da nossa experiência de amor humano, ele expulsa o medo, e nós nos enchemos de confiança. Pois no juízo encontraremos Deus como amor, como cumprimento do amor que, aqui na terra, experimentamos imperfeitamente na forma do amor humano e no vislumbre do amor divino.

O que fazer com meu medo?

O Senhor é meu pastor: nada me falta. Em verdes pastagens me faz repousar, conduz-me até às fontes tranquilas e reanima minha vida; guia-me pelas sendas da justiça para a honra de seu nome. Ainda que eu ande por um vale de espessas trevas, não temo mal algum, porque tu estás comigo; teu bastão e teu cajado me confortam. Diante de mim preparas a mesa, bem à vista dos meus inimigos; Tu me unges com óleo a cabeça, minha taça transborda. Bondade e amor certamente me acompanharão todos os dias de minha vida, e habitarei na casa do Senhor por longos dias.

Sl 23

Muitas pessoas amam esse salmo – até mesmo o sóbrio filósofo Immanuel Kant. Trata-se de um salmo que acalma nosso medo.

O primeiro medo mencionado aqui é o medo de não ter o suficiente, de não conseguir dar conta da vida. Quando sentimos esse medo, devemos dizer: "O Senhor é o meu pastor: nada me falta". Quando confrontamos nosso medo com essas palavras, o medo se dissolverá, e a paz retornará.

O segundo medo é o medo do desastre, do escuro e do desconhecido dentro de nós e em nossa volta. Em um vale escuro temos medo porque um assaltante poderia estar à nossa espreita e tirar tudo de nós. Na escuridão, nós nos vemos expostos a perigos desconhecidos. O salmo responde a esse medo: "Ainda que eu ande por um vale de espessas trevas, não temo mal algum, porque Tu estás comigo; teu bastão e teu cajado me confortam".

Essas palavras devem ser meditadas sempre de novo e recitadas como resposta ao nosso medo. Não podemos arrancar o medo de dentro de nós. Ele sempre voltará a emergir. Mas quando respondemos ao medo com essas palavras, nós o relativizamos. Em meio ao medo sentimos a confiança, que também está dentro de nós.

Cada pessoa sempre tem medo e confiança ao mesmo tempo. Mas muitas vezes nós nos fixamos no medo, de modo que ignoramos a confiança que existe dentro de nós. As palavras do salmo pretendem reestabelecer o contato conosco mesmos para que, em nosso medo, sintamos também a confiança que se encontra no fundo da nossa alma.

* * *

Aquele que habita sob a proteção do Altíssimo passa a noite à sombra do Todo-poderoso. Pode dizer ao Senhor: "Ele é meu refúgio e minha fortaleza, meu Deus, em quem confio". Pois Ele te livra do laço do caçador e da peste maligna. Ele te cobre com suas plumas, e debaixo de suas asas te refugias; sua fidelidade é um escudo e uma armadura. Não temerás o pavor da noite nem a flecha que voa de dia; nem a peste que ronda no escuro nem a epidemia que devasta em pleno dia. Se tombarem mil a teu lado e dez mil à tua direita, não serás atingido. Basta abrires os olhos, e verás o castigo dos ímpios. "É o Senhor meu refúgio", tu fizeste do Altíssimo tua morada. Não te acontecerá mal algum, nem a praga chegará à tua tenda. Pois aos seus anjos dará ordens a teu respeito, para que te guardem em todos os teus caminhos. Eles te levarão nas mãos, para que teu pé não tropece numa pedra. Pisarás sobre o leão e a víbora, calcarás aos pés a fera e o dragão. "Porque ele se apegou a mim, eu o libertarei; eu o protegerei, pois conhece meu nome. Quando me invocar, eu lhe responderei; estarei com ele na tribulação, eu o livrarei e o glorificarei; eu o saciarei com longos dias e lhe revelarei a minha salvação."

Sl 91

A Igreja gosta de rezar esse salmo de confiança nas Completas, o último horário de oração do dia. Antes de iniciarmos a noite, na qual sonhamos às vezes com leões e cobras, nós nos dirigimos a Deus e expressamos a nossa confiança.

O salmo descreve o que Deus faz por nós. Ele nos livra do laço do caçador. A peste não nos afeta. Sim, Deus ordena que seus anjos nos protejam em nossos caminhos e nos carreguem em suas mãos, de modo que nada possa nos atingir.

Em seu oratório *Elias*, o compositor Felix Mendelssohn Bartholdy compôs um quarteto maravilhoso para esses versículos sobre os anjos. Quando ouvimos essa música, sentimos como somos carregados nas mãos dos anjos que nos protegem. Sentimo-nos cercados e protegidos pela proximidade de Deus.

As imagens que o salmista projeta diante dos nossos olhos são maravilhosas. Ele se dirige a nós e nos promete o que Deus faz por nós. E ele nos diz o que experimentaremos sob a sua proteção. Por fim, o salmo passa a palavra para o próprio Deus. Ele nos promete que nos protegerá, que ouvirá os nossos pedidos, que estará conosco em cada angústia livrando-nos de cada necessidade. Ele nos saciará com uma vida longa e nos revelará a sua salvação.

Quando cantamos esse salmo nas Completas, ele simplesmente nos faz bem. Não precisamos pensar muito. As imagens nos tranquilizam e nos dão a sensação de estarmos refugiados, acolhidos e protegidos em Deus e de podermos nos entregar às suas mãos cheios de confiança na noite que se inicia.

* * *

À tarde daquele dia, Jesus lhes disse: "Vamos para o outro lado do mar". Eles despediram a multidão e levaram Jesus no barco em que estava. Havia ainda outros barcos com ele. Nisto levantou-se uma grande tempestade que lançava as ondas dentro do barco, de sorte que ele já se enchia de água. Jesus estava na popa, deitado num travesseiro. Eles o acordaram e disseram: "Mestre, não te importas que vamos morrer?" Jesus acordou, repreendeu o vento e disse ao mar: "Silêncio! Calma!" O vento parou e se fez grande calma. E Jesus disse aos discípulos: "Por que estais com tanto medo? Ainda não tendes fé?" Tomados de grande medo, diziam uns aos outros: "Quem é este a quem até o vento e o mar obedecem?"

Mc 4,35-41

$\mathcal{A}$ situação dos discípulos nos é familiar. Às vezes, nós também temos a impressão de estarmos no meio de um turbilhão. Nem sabemos de onde o vento sopra, mas de repente estamos num redemoinho. O barco da nossa vida balança assustadoramente, e ficamos com medo. Jesus simplesmente continua a dormir no barco. Ele não se abala com essa agitação externa. Mas o fato de Jesus estar dormindo poderia significar também: Não estamos em contato com Ele, que é nosso núcleo mais íntimo, mas Ele dorme, nós não o experimentamos. No desespero, os discípulos acordam Jesus e o acusam de não se preocupar com sua angústia.

Mas Ele se levanta e ordena à tempestade, e de repente tudo se acalma. Quando entramos em contato com nosso centro, surge silêncio e tranquilidade não só dentro de nós, mas também em nossa volta. Mas Jesus pergunta aos discípulos: "Por que estais com tanto medo? Ainda não tendes fé?"

Os discípulos se impressionam demais com as turbulências externas e reagem ao turbilhão com medo. Se tivessem fé, reagiriam de outra forma. Fé significa aqui: estar em contato com o fundo da nossa alma, com Cristo, que está em nós no fundo da nossa alma. Quando o sentimos, temos um ponto de paz em meio às turbulências da nossa vida. E, a partir desse espaço interior do silêncio, o nosso coração também pode se acalmar e reagir com confiança às ameaças externas.

Envelhecer

Lembra-te do teu Criador nos dias da juventude, antes que che-guem os dias nefastos e se aproximem os anos dos quais dirás: "Não gosto deles!"; antes que se obscureçam o sol e a luz, a lua e as estrelas, e voltem as nuvens depois da chuva [...] então o pó voltará à terra, onde estava, e o sopro de vida voltará para Deus, seu autor.

Ecl 12,1-2.7

*P*ara muitas pessoas, o mestre de sabedoria do Livro do Eclesiastes é pessimista demais. Quando o leem não experimentam piedade, mas a análise sóbria do ser humano, que sempre resulta na sentença: Tudo é um sopro.

Mas quando lemos com mais atenção, descobrimos em suas palavras também um caminho para como viver na presença de Deus de um jeito que corresponde à nossa essência como seres humanos. Eclesiastes não glorifica a velhice, com a idade chegam os dias em que dizemos: Não gosto deles. Mas Eclesiastes não é pessimista. Ele nos adverte a vivermos a vida de modo consciente. Devemos aproveitar a juventude e nos alegrar. Aquele que realmente viveu consegue aceitar melhor a idade. As pessoas idosas são insatisfeitas principalmente quando precisam reconhecer: Nunca vivi de verdade. Agora, na idade, estou diante de uma vida não vivida. Uma vida não vivida nos deprime. Se, na idade, eu me lembrar da minha vida com prazer, conseguirei viver também os dias em que doença e fraqueza me oprimem. O poeta alemão Hermann Hesse afirma que a coisa mais linda da idade é ler no livro das lembranças de sua vida com gratidão. Podemos ser gratos pela vida que vivemos. E então nos lembraremos não só das experiências boas, mas também de que Deus nos guiou quando ocorreram crises ou conflitos ou rupturas em nossa vida.

Para o Eclesiastes existe um segundo pensamento importante para que possamos viver bem na velhice: Devemos nos conscientizar de que nossa existência na terra é finita, de que o pó voltará à terra e o sopro voltará para Deus. Devemos pensar naquilo que é finito. Tudo que é terreno, o corpo, o sucesso, a riqueza, a fama – tudo isso voltará a ser pó. O que resta é o sopro que volta para Deus. Sopro significa a vivacidade, a alma, a essência mais íntima do ser humano. O sopro não decairá, ele voltará para Deus. Minha alma voltará para seu lar em Deus. Por isso, devemos aproveitar a idade para olhar para dentro, para entrar em contato com a alma, para que possamos devolver a Deus uma alma que realmente viveu, que esteve aberta para Deus e aberta para as pessoas.

A idade nos adverte a sermos pessoas animadas ou, como costumamos dizer: Ele tinha um grande coração. Em seu rosto, em suas palavras, em sua aura percebemos o seu coração e sua alma. E era uma alma linda, uma alma ampla, uma alma cheia de amor e vivacidade. É esse tipo de alma que devemos devolver a Deus.

* * *

Havia em Jerusalém um homem chamado Simeão. Justo e piedoso, ele esperava a consolação de Israel, e o Espírito Santo estava com ele. Pelo Espírito Santo lhe fora revelado que não morreria sem primeiro ver o Cristo do Senhor. Movido pelo Espírito, veio ao Templo. E quando os pais levaram o Menino Jesus ao Templo, a fim de cumprirem a respeito dele o que estava escrito na Lei, tomou-o em seus braços e louvou a Deus, dizendo: "Agora, Senhor, já podes deixar teu servo ir em paz, segundo a tua palavra. Porque meus olhos viram a salvação que preparaste diante de todos os povos: a luz para iluminação das nações e para glória de teu povo, Israel". O pai e a mãe do menino estavam maravilhados com o que se dizia dele. Simeão os abençoou e disse a Maria, sua mãe: "Este menino está destinado a ser ocasião de queda e elevação de muitos em Israel e sinal de contradição. Quanto a ti, uma espada atravessará tua alma! Assim serão revelados os pensamentos de muitos corações".

Lc 2,25-38

Lucas emoldura a história da infância de Jesus com eventos que envolvem pessoas idosas. No início, são Zacarias e Isabel, pessoas idosas inférteis, mas que voltaram a ser férteis por meio do encontro com o anjo. Mas Zacarias teve que permanecer em silêncio durante nove meses. Ele precisou ouvir sua voz interna para que algo novo pudesse surgir nele. Ele teve que abrir mão de seus preconceitos sobre sua esposa. Talvez ele pensasse: "Ela está velha, não pode mais ter filhos". O anjo o calou para que todas as suas concepções da vida se calassem e algo novo pudesse nascer nele e em sua esposa. Depois do nascimento de Jesus, Lucas volta a nos apresentar duas pessoas idosas, novamente um homem e uma mulher. Lucas tem certeza de que só conseguimos enxergar Deus e compreender Jesus corretamente se homem e mulher o contemplarem em conjunto. Ambas as visões, a masculina e a feminina, são importantes para uma visão correta de Jesus.

Lucas descreve as qualidades de Simeão: Ele era justo e piedoso. Era alguém que esperava. Ele estava em alerta, esperando a vinda da salvação de Israel. E o Espírito Santo repousava sobre ele. Esse Simeão canta um hino de louvor sobre essa criança; reconhece nela a salvação e a luz que brilha para todos. E profetiza o que essa criança fará em Israel. Ao mesmo tempo, ele se despede do mundo: viu tudo que desejava ver e agora pode partir em paz. Ele viu tudo que queria ver, vivenciou tudo que queria vivenciar. Agora, pode abrir mão da vida com um espírito saciado, em gratidão por tudo que viveu. E na idade cumpriu ainda uma função importante. Ele apontou para o que realmente importava, para a salvação de Israel, para o Messias que Deus enviou ao seu povo. Agora, ele o viu e pode partir.

Lucas nos conta também a história da vida de Ana. Sua biografia revela o seu ser. Ela viveu tudo: casou-se, agora é viúva. Seus 84 anos são simbólicos: quatro representa o terreno (seus pés estão firmados na terra); oito é o número da eternidade e infinitude, o número da transcendência (ela está aberta para Deus e expressa isso permanecendo no Templo e servindo a Deus em jejum e oração). Lucas não registrou suas palavras, mas ela fala da criança a todos que aguardam a salvação em Jerusalém. Ela reconhece nessa criança o Salvador, aquele que confortará e salvará Israel e curará as feridas dos homens.

Ambas as pessoas idosas, Simeão e Ana, possuem uma visão mais profunda. Elas reconhecem na criança a luz, o salvador. Essa é a função das pessoas idosas – desvendar aos jovens o mistério da existência humana e abrir-lhes os olhos para o mistério de Deus.

Pessoas idosas – assim nos diz Lucas em seu Evangelho – são uma bênção para o mundo. Elas dão fruto ao seu modo. Lucas chama a atenção dessas pessoas para o fato de que elas têm uma função importante no mundo. Elas devem transmitir a sabedoria de sua vida para a geração mais nova. E na confusão das muitas vozes que nos ensurdecem neste mundo, elas devem levantar a voz baixa da sabedoria para relativizar os muitos modos de visão que hoje se impõem às pessoas.

* * *

Na verdade eu te digo: Quando eras jovem, tu te vestias para ir aonde querias. Quando envelheceres, estenderás as mãos, e será outro que as amarrará e te levará para onde não queres". Disse isso para indicar com que morte Simão haveria de glorificar a Deus. Dito isto, acrescentou: "Segue-me".

Jo 21,18s.

que Jesus diz a Pedro aqui é uma imagem que vale para o envelhecer em geral. João comenta as palavras de Jesus, dizendo que Ele pretendia aludir à forma como Pedro morreria.

Ele será preso como Jesus e o levarão à morte na cruz. Mas as palavras de Jesus valem também para nós. Quando envelhecemos, não podemos mais decidir e determinar tudo. Quando éramos jovens, podíamos ir para onde quiséssemos. Nós nos vestíamos sozinhos. Podíamos fazer tudo em liberdade.

Com o tempo, perdemos essa liberdade; não conseguimos mais nos vestir sozinhos; estendemos nossas mãos para que alguém nos ajude a nos vestir e lavar.

Para um homem ativo como Pedro isso é um grande desafio. Outra pessoa nos levará para onde não queremos ir. Isso se refere não só ao martírio de Pedro, mas é a morte que aguarda todos nós e que, em nosso íntimo, nós não desejamos.

Ninguém deseja morrer ou ser levado à morte – isso talvez só aconteça quando a vida não nos oferece mais nada –, mas nada podemos fazer contra isso. Precisamos nos entregar ao nosso destino e à vontade de Deus. Estendemos as nossas mãos para Deus, para que Ele nos vista e guie.

Mas essa situação não se reduz a uma passividade, a algo que apenas nos acontece. Jesus diz que, por meio da morte de Pedro, Deus é glorificado. Isso é uma promessa que vale também para nós: Estarmos prontos como Pedro para sermos levados até a morte, entregar-nos às mãos de Deus na morte e assim glorificar a Deus e dar esperança à humanidade.

* * *

O amor jamais acaba; as profecias terão fim; as línguas emude-
cerão; a ciência terminará. Pois o nosso conhecimento é parcial,
como parcial é a nossa profecia. Mas quando chegar a perfeição,
desaparecerá o que era parcial.

1Cor 13,8-10

*N*ossa vida é fragmento. Tudo é obra incompleta,
como diz Paulo. Ele cita três dons do Espírito que os coríntios
prezavam altamente: a profecia, a glossolalia e o conhecimento,
gnosis em grego, da qual eles se gabavam especialmente. Tudo
isso passará, cessará, acabará. Aqui, Paulo tem diante de seus
olhos a eternidade, que todos alcançaremos após a morte. Depois da morte, os dons do Espírito cessarão. Ninguém precisará
mais falar em línguas ou produzir palavras proféticas. O conhecimento, porém, pode ser aperfeiçoado na eternidade.

Mas Paulo não compartilha dessa visão. A gnose, o conhecimento e a sabedoria, da qual tanto nos gabamos, passará,
porque veremos de verdade. Não precisaremos mais adquirir
conhecimento e alcançar uma profundeza maior da sabedoria.
Veremos Deus como Ele é e contemplaremos o mistério de todo
ser. Tudo isso se revelará para sempre. Depois da morte, restará
apenas o amor. O amor é eterno, jamais acaba.

O que Paulo diz sobre o estado depois da morte pode ser
aplicado também ao envelhecer. Na idade, a fala profética cessa
em algum momento. Nada mais temos a dizer. Tomás de Aqui-
no se calou na velhice. Ele disse que tudo que havia dito e escri-

to era como palha. C.G. Jung disse sobre si mesmo que estava de partida e não sentia mais necessidade de falar. A glossolalia se calará. Na idade, não queremos chamar atenção por meio da fala em línguas. Preferimos nos calar e permanecer em silêncio.

O conhecimento também passará. Durante toda a nossa vida, tentamos explorar as profundezas da existência humana, dos mistérios de Deus e do mundo. Agora, não temos mais esse desejo de saber. Reconhecemos que tudo que descobrimos é nada. Reconhecemos – como diziam os sábios da Grécia – que o sábio sabe que nada sabe.

E Paulo acredita que toda sabedoria que alcançamos nos parecerá loucura diante da morte, que questiona todo conhecimento. A única coisa que resta na idade é o amor. Quando uma pessoa idosa emana amor, gostamos de ficar em sua companhia. Existem também pessoas idosas dementes que emanam amor. Elas são a prova daquilo que Paulo escreve aqui.

Uma pessoa com demência nada mais tem a dizer e saber. Mesmo assim, ela possui uma dignidade. Sua alma se retirou, mas o amor permanece. Ele brilha dentro dela. E também pessoas idosas doentes emanam esse amor frequentemente. Elas nos passam a impressão de terem alcançado o seu alvo. Elas não conseguem se mexer nem falar, mas o amor permanece e dá a essas pessoas uma dignidade inviolável. E, a nós observadores e visitantes da pessoa idosa, esse amor nos dá a certeza de que ela perdurará também na morte e permanecerá eternamente em Deus.

3

"DEPOIS DO FOGO VEIO UM SUSSURRO SUAVE E SILENCIOSO"

Encontro comigo mesmo e com Deus

Quem sou eu?

Então o Senhor Deus formou o ser humano do pó da terra, soprou-lhe nas narinas o sopro da vida e ele tornou-se um ser vivo.

Gn 2,7

A ciência natural nos explica como, aos poucos, o ser humano se formou a partir do animal – um ser humano capaz de pensar e dotado de um espírito. A Bíblia expressa isso numa linguagem figurada. O ser humano foi formado da terra. E é isso que a palavra hebraica *Adam* significa: tomado da terra, como o expressa também a palavra latina *homo*, que, segundo uma lenda romana, provém de *húmus*, "terra".

O ser humano se chama *Adam, homo*, porque ele vem da terra. Essa imagem expressa em palavras simples o evento da evolução que a ciência natural nos explica. Mas aquilo que faz do ser humano um ser humano é o sopro da vida que Deus lhe insufla. O ser humano foi criado por Deus de forma especial. As plantas e os animais também são criados por Ele, mas é apenas ao ser humano que Deus sopra o hálito da vida. O sopro da vida é uma imagem para a alma que Deus deu ao ser humano. A alma distingue o ser humano. Ele é mais do que o sopro.

O animal também respira, mas o sopro da vida que Deus insufla nas narinas do ser humano o capacita a ter consciência de si mesmo, a refletir sobre si mesmo. E esse sopro da vida o conecta de forma especial com Deus. O ser humano está aberto para Deus. Ele vive conscientemente na presença de Deus e tem a tarefa de cultivar o Jardim do Éden que Deus criou para ele. O ser humano tem a dignidade de dar nomes aos animais que Deus fez surgir da terra do campo.

Mas o ser humano não se contenta com a mera presença dos animais. Ele deseja ajuda. E assim Deus toma uma costela de Adão e cria Eva, a mulher. Ela se torna companheira do homem. Ela "é osso dos meus ossos e carne da minha carne" (Gn 2,23). A narrativa da criação descreve o ser humano como ser vivo, mas como um ser vivo que não consegue viver bem sozinho. Ele precisa do outro, precisa da comunhão. O homem vive para a mulher, e a mulher para o homem. Ambos formam o ser humano completo. Ao mesmo tempo, porém, o homem e a mulher estão na presença de Deus. Eles foram criados e moldados por Deus. Eles precisam prestar contas a Deus e devem observar os seus mandamentos.

Quando nos aproximamos desse texto com a pergunta *Quem sou eu?*, a resposta é: Somos criaturas, formadas por Deus e dotadas do sopro da vida. Mas somos também finitos, pois esse sopro da vida não é infinito. Na morte, nós o expiramos. E como homem dependemos da mulher; e como mulher, do homem. Não somos eremitas, mas seres humanos criados para o convívio. Precisamos uns dos outros para encontrar a nossa identidade. Como seres humanos, precisamos da comunicação.

Se quisermos conviver conosco mesmos em paz, não basta resolver tudo conosco mesmos. Como Adão precisamos admitir a nossa carência. Precisamos de um outro ser humano. Precisamos de sua proximidade, de seu amor. E precisamos do outro para contemplar a nossa vida.

Durante uma conversa, podemos entender o que realmente nos ajuda a enfrentar os desafios da vida. Muitas pessoas preferem se esconder por trás de uma máscara. Elas são orgulhosas demais para admitir que precisam de ajuda.

Mas o ser humano foi tirado da terra. Por isso, a humildade – *humilitas* em latim, "estar em contato com a terra" – é decisiva para ele. Ele precisa de humildade para reconhecer a sua própria carência e procurar o outro para pedir ajuda, para explicar-lhe a nossa situação. Mas é apenas assim que nos tornamos completamente humanos, quando, no diálogo com o outro, descobrimos nosso *self* verdadeiro.

* * *

Graças te dou pela maneira espantosa como fui feito tão maravilhosamente. Maravilhosas são tuas obras; sim, eu bem o reconheço. Meus ossos não te eram encobertos, quando fui formado ocultamente e tecido nas profundezas da terra.

Sl 139,14s.

O salmista se espanta consigo mesmo. Ele se sente como um ser humano que Deus formou de forma maravilhosa. Ele não se desenvolveu simplesmente no ventre materno.

O próprio Deus o formou. E Deus o observou enquanto ele assumia a forma humana no ventre materno. O salmista nos convida a contemplarmos a nossa própria beleza e a confiarmos que temos uma dignidade divina, porque foi Deus pessoalmente que nos formou.

Muitas pessoas não conseguem enxergar a própria beleza. Elas se comparam com outros e se impõem um ideal de beleza superficial ao qual jamais poderão corresponder. Isso as deixa constantemente infelizes porque não conseguem satisfazer seu próprio ideal.

O salmista nos convida a contemplarmos conscientemente a nossa própria beleza. Nosso corpo é uma obra de arte. É um milagre o fato como nervos e músculos cooperam. Contemplamos o nosso corpo, nossa alma, e somos gratos por termos sido criados por Deus.

À pergunta *Quem sou eu?* o salmo responde: Eu sou lindo. Eu fui formado dessa forma por Deus. Deus deu uma forma à imagem singular que Ele tem de mim. E nós podemos responder à pergunta: Somos gratos por sermos como somos. Mas nós só conseguimos alcançar essa gratidão se nos conscientizarmos sempre de novo que Deus nos criou como essa pessoa singularmente linda.

* * *

Todos os anos, na Festa da Páscoa, seus pais iam a Jerusalém. Quando Ele completou doze anos, subiram a Jerusalém segundo o costume da festa. Acabados os dias de festa, quando voltaram, o Menino Jesus ficou em Jerusalém, sem que os pais o percebessem. Pensando que estivesse na caravana, andaram o caminho de um dia e o procuraram entre os parentes e conhecidos. Não o achando, voltaram a Jerusalém à procura dele. Três dias depois o encontraram no Templo sentado no meio dos doutores, ouvindo e fazendo perguntas. Todos que o escutavam maravilhavam-se de sua inteligência e de suas respostas. Quando o viram, ficaram admirados e sua mãe lhe disse: "Filho, por que agiste assim conosco? Olha, teu pai e eu, aflitos, te procurávamos". Ele respondeu-lhes: "Por que me procuráveis? Não sabíeis que eu devia estar na casa do meu Pai?" Eles não entenderam o que lhes dizia. Depois desceu com eles e foi para Nazaré, e lhes era submisso. Sua mãe conservava a lembrança de tudo isso no coração. Jesus crescia em sabedoria, idade e graça diante de Deus e das pessoas.

Lc 2,41-52

*N*em sempre o relacionamento entre pais e filhos é marcado pela harmonia. Existem conflitos e, muitas vezes, incompreensão de ambos os lados. O evangelista São Lucas nos conta de um desses conflitos entre os pais e o garoto Jesus de doze anos de idade. Maria e José não compreendem o seu filho. Eles sentem dor e preocupação por Ele. Maria pergunta ao menino como pôde causar-lhes tamanha dor: "Filho, por que agiste assim conosco? Olha, teu pai e eu, aflitos (com dores), te procurávamos" (Lc 2,48). Os pais não entendem a resposta de Jesus: "Por que me procuráveis? Não sabíeis que eu devia estar na casa do meu Pai?" Jesus chama Deus seu Pai. Jesus pertence a Ele, não aos seus pais. Os pais não compreendem o que Ele quer dizer com isso. Suas palavras os machucam. Maria não ignora essa dor. É bom quando os pais expressam sua dor aos seus filhos. Mas Maria não repreende o seu filho e ela não lhe impõe sentimentos de culpa. Ela diz apenas o que sua conduta provocou dentro dela. Ela mostra ao filho o que os pais sentem quando, cheios de medo e dores, precisam procurá-lo durante três dias.

Lucas não dissolve a tensão criada pela conduta incompreensível de Jesus com relação a seus pais. Os pais suportam sua incompreensão. Mas eles não reagem atribuindo toda a culpa ao filho. Eles tentam compreender seu comportamento incompreensível. Maria mostra uma reação que é um desafio também para todos os pais de hoje quando seu filho se comporta de maneira estranha e eles não entendem seu comportamento. Lucas diz sobre Maria: "Sua mãe conservava a lembrança de tudo isso no coração" (Lc 2,51). O texto grego é mais preciso: Maria olhou através de todas as palavras que seu filho havia dito (*diaterein*: olhar através de). Isso significa que ela contemplou seu filho com olhos novos. Ela não entendia sua conduta e suas palavras, mas tentou refletir sobre isso, tentou chegar ao fundo das palavras e da conduta de Jesus para entendê-las.

Diaterein significa que Maria atravessa a dor que seu filho lhe causou para chegar ao fundo de sua alma. Lá, do outro lado das dores e dos temores, ela encontra uma paz interior. Lá, ela vislumbra o mistério de seu filho. Lá, sob seus sentimentos agitados, onde habita Deus, ela consegue contemplar seu filho com os olhos da fé.

Esses olhos da fé lhe permitem que Jesus cresça de tal forma que sua sabedoria aumenta e Ele encontra graça diante de Deus dos homens (Lc 2,52). A palavra grega para "graça" em grego é *charis*. E essa palavra significa muitas coisas: Graça, beleza, graciosidade. Sob os olhos da fé de sua mãe, Jesus pôde crescer de modo que correspondia à sua essência. Sua beleza interior se tornou visível.

Essa história responde à pergunta *Quem sou eu?* assim: Não somos apenas filhos, filhas dos nossos pais. Temos Deus como Pai e como Mãe. Nós também somos filho e filha de Deus. Isso nos torna internamente independentes de nossos pais e nos permite seguir o caminho que, em nossa consciência, reconhecemos como o certo. Não são apenas os pais, Deus também nos dá impulsos e noções de como devemos viver a nossa vida. E devemos seguir esse impulso interior, mesmo quando os nossos pais não o compreendem. Podemos expô-los ao fato de que seguimos um caminho que, a princípio, lhes parecia incompreensível.

* * *

Naqueles dias, Jesus veio de Nazaré da Galileia e foi batizado por João no Jordão. E logo que Jesus saiu da água, viu os céus abertos e o Espírito descendo sobre Ele como uma pomba. E do céu uma voz dizia: "Tu és o meu Filho amado, de ti eu me agrado".

Mc 1,9-11

$\mathcal{N}$o batismo de Jesus, Deus revela às pessoas que o cercavam a natureza de Jesus. Nosso próprio Batismo nos mostrou por meio de rituais quem nós realmente somos. A água na qual Jesus entrou serviu para a purificação. No Batismo fomos purificados de todas as manchas que outros causaram em nós por meio de suas projeções. Eles não viram em nós aquele que somos em Deus, mas projetaram sobre nós suas próprias expectativas e falhas. No Batismo, o brilho original e autêntico de Deus resplandece em nós. No dia a dia, quando nos lembramos do Batismo – por exemplo, quando fazemos o sinal da cruz com a água-benta – nós nos purificamos das imagens que outros nos impuseram e das nossas próprias imagens de depreciação própria e superestima, que turvam nosso brilho original. Em nossa lembrança do Batismo, nós lembramos quem somos: uma imagem pura de Deus, que irradia a sua luz.

No Batismo ouvimos: "Tu és meu filho amado, tu és minha filha amada, de ti eu me agrado". Isso é amor e aceitação incondicional, precondições para que possamos viver de verdade, para que possamos ser nós mesmos em liberdade.

Às vezes, as crianças experimentam apenas um direito de existência condicional: Você pode existir se tiver sucesso, se mostrar desempenho, se não der trabalho, se se adaptar. Num ambiente desse tipo, a criança pode nunca expressar a sua própria opinião para não perder o amor dos pais e se obriga a mostrar desempenho para que seja vista e reconhecida. Mas isso não é uma vida autêntica. Só consegue viver aquele que sabe que é aceito incondicionalmente. Esta é a segunda resposta à pergunta: Quem sou eu? Somos amados incondicionalmente. Posso ser aquele que sou.

* * *

Todos vós sois filhos de Deus pela fé em Cristo Jesus, pois todos vós, que fostes batizados em Cristo, vos revestistes de Cristo. Já não há judeu nem grego, nem escravo nem livre, nem homem nem mulher, pois todos vós sois um só em Cristo Jesus. Ora, se sois de Cristo, então sois descendência de Abraão, herdeiros segundo a promessa.

Gl 3,26-29

*N*esses versículos, Paulo descreve o mistério do Batismo, ocasião em que nos revestimos de Cristo como um manto. A imagem do manto expressa que estabelecemos um contato interno com Cristo, que agora Ele está em nós. Fomos feitos novos em Cristo. O novo manto evidencia nossa nova aura, porque o nosso núcleo mais íntimo se transformou. Não é mais o ego que nos domina, mas o próprio Cristo. No Batismo, Cristo nos absorve, tornamo-nos todos "um" em Cristo. Todos nós nos tornamos Cristo.

E já que, no Batismo, todos nós nos tornamos Cristo, as diferenças habituais não valem mais, nem as diferenças entre homem e mulher, nem entre judeus e gregos e nem entre escravos e livres. Poderíamos levar adiante essa contraposição: Não existe diferença entre jovem e idoso, entre rico e pobre, entre bem-sucedidos e fracassados. Todos nós fomos imersos em Cristo e nos tornamos um com Ele. Assim nos tornamos um uns com os outros.

Se perguntássemos a esse texto: Quem sou eu? Ele responderia: Nós estamos em Cristo. Já não conseguimos mais compreender a nossa existência sem Jesus Cristo. Ele é nossa realidade mais íntima, Ele vive em nós, tirou o poder do ego em nós. Isso é realidade. Precisamos apenas nos lembrar sempre de novo dessa realidade para vivermos como pessoa nova. E somos um com todas as pessoas. Cristo também está nos outros.

Se acreditarmos nisso, iremos ao encontro do outro com uma visão nova. Nós não o definimos com base em sua aparência, reconhecemos por trás de sua máscara seu núcleo mais íntimo, que é o próprio Cristo. Isso resulta num novo convívio e acaba com o nosso isolamento. Sentimo-nos "um" com todos. Essa experiência responde ao anseio de muitas pessoas que hoje se sentem sós. No fundo de sua alma elas são "um" com todas as pessoas. Estão relacionadas com tudo. Isso lhes dá um novo sentimento de fazer parte de uma comunidade acolhedora.

Ouvir e encontrar o silêncio

Só em Deus minha alma está tranquila; dele vem a minha salvação. Somente Ele é minha rocha e minha salvação, minha fortaleza: jamais serei abalado. Até quando investireis contra um homem para abatê-lo, todos de uma vez, como uma parede inclinada ou um muro prestes a ruir? Só pensam em derrubá-lo de sua posição, e têm prazer em mentir; com a boca bendizem, mas em seu íntimo maldizem. Só em Deus minha alma está tranquila, pois dele vem minha esperança! Só Ele é minha rocha e minha salvação, minha fortaleza: jamais serei abalado.

Sl 62,2-7

*T*odos nós ansiamos paz e silêncio. Mas existe tanto que nos impede de nos acalmarmos. O salmista fala de pessoas que não querem que encontremos a paz. Elas gostam de mentir, e nós precisamos nos defender. Mas quando lutamos contra aqueles que lutam contra nós, não conseguimos encontrar a paz. Pelo contrário: Surge em nós o medo de que os outros consigam derrubar o muro que construímos com tanto esforço para nos proteger do ataque inimigo. Então o salmista se volta para Deus. Ele confessa que nenhuma técnica de meditação consegue acalmá-lo, mas apenas Deus. Quando nos voltamos para Ele, a nossa alma se acalma. Pois é apenas de Deus que vem a nossa ajuda, Ele é a rocha que nos dá segurança, uma fortaleza que nos abriga na tempestade do dia a dia.

Cantamos o segundo versículo do salmo na quarta-feira, nas completas, como maravilhosa antífona. Quando canto essa antífona, minha alma se acalma. Esqueço-me de todas as turbulências do dia que termina. Eu me volto para Deus. Eu lhe ofereço o meu dia. E sei que, quando meu coração se volta para Ele, minha alma se acalma. Isso certamente seria um bom exercício noturno também para você, querido leitor, querida leitora. Estenda suas mãos na forma de uma taça para Deus. Ofereça-lhe o dia do jeito que ele foi. Não o avalie, ele foi do jeito que foi. Ao oferecer seu dia a Deus, você se acalma e para de remoê-lo, perguntando-se se aquilo que fez foi certo ou errado. Você entrega o dia a Deus. E confia que Ele transformará em bênção até mesmo aquilo que não foi bem.

* * *

Acab contou a Jezabel tudo o que Elias tinha feito e como tinha matado à espada todos os profetas. Então Jezabel mandou um mensageiro a Elias com esta ameaça: "Os deuses me tratem com todo o rigor, se amanhã a esta hora não fizer da tua vida o mesmo que fizeste das vidas deles". Temeroso, Elias partiu para salvar a vida e chegou a Bersabeia de Judá. Deixou ali o empregado e entrou deserto adentro numa caminhada de um dia. Finalmente assentou-se à sombra de um junípero e pediu a morte, dizendo: "Agora basta, Senhor! Tira a minha vida, pois não sou melhor do que meus pais". Em seguida deitou-se e adormeceu à sombra do junípero. De repente um anjo o cutucou e disse: "Levanta-te e come!" Quando abriu os olhos, viu ao lado de sua cabeça um pão assado sobre pedras quentes e um jarro de água; comeu, bebeu e voltou a se deitar. Mas o anjo do Senhor o cutucou uma segunda vez, dizendo: "Levanta-te e come, senão a caminhada será longa demais para ti". Elias se levantou, comeu e bebeu; e com a força deste alimento andou quarenta dias e quarenta noites, até chegar ao monte de Deus, Horeb. Lá entrou numa caverna e passou a noite. De repente a palavra do Senhor lhe foi dirigida nestes termos: "O que estás fazendo aqui, Elias?" Ele respondeu: "Estou cheio de ciúmes pelo Senhor Deus todo-poderoso, pois os israelitas abandonaram a tua aliança, demoliram os teus altares, mataram à espada os teus profetas e sobrei apenas eu. Mas também a mim procuram tirar-me a vida". O Senhor respondeu: "Sai e põe-te de pé no monte, diante do Senhor! Eis que ele vai passar". Houve então um grande furacão, tão violento que rasgava os montes e despedaçava os rochedos diante do Senhor, mas o Senhor não estava no vento. Depois do vento houve um terremoto, mas o Senhor não estava no terremoto. Depois do terremoto houve fogo, mas o Senhor não estava no fogo. Finalmente, passado o fogo, percebeu-se o sussurro de uma brisa suave e amena. Quando Elias a percebeu, cobriu o rosto com o manto e saiu, colocando-se na entrada da caverna.

1Rs 19,1-13a

$\mathcal{D}$eus coloca Elias na sala de aula e lhe mostra como e onde pode experimentá-lo, e como e onde não. Elias está no auge de sua carreira, derrotou sozinho os 450 sacerdotes de

Baal. Mas agora, de repente, tem medo de Jezabel. Ele foge para salvar sua pele.

Mas então ele perde sua força, e deseja morrer. Elias reconhece: "Não sou melhor do que meus pais" (1Rs 19,4). Ele reconhece que aquilo que combateu nos sacerdotes de Baal existe dentro dele mesmo.

Baal representa o sucesso, a riqueza. Mesmo que Elias tenha lutado em nome do Deus verdadeiro, existia nele um forte desejo de ser bem-sucedido. Ele se conscientiza disso e deseja morrer. Mas o anjo o acorda duas vezes e o encoraja a enfrentar, sustentado pelo alimento angelical, os 40 dias de caminhada pelo deserto até o Monte Horeb. Chegando lá, Elias entra numa caverna. A caverna representa o ventre materno. Isso também é um tipo de experiência de Deus, que Elias busca aqui: Deus como lar e abrigo, Deus como aquele em cuja presença posso me sentir à vontade. Isso é absolutamente lícito, mas é apenas um aspecto de Deus, não é, ainda, Deus em sua totalidade. Então lhe são mostrados três fenômenos naturais nos quais as pessoas costumam procurar Deus: a tempestade, o fogo e o terremoto. São esses os lugares do entusiasmo (tempestade), do perfeccionismo (o fogo, que queima todas as impurezas) e o poder (o terremoto, que destrói tudo que se opõe a Deus).

Então surge o sussurro de uma brisa suave e amena, "a voz do silêncio que se dissipa", como traduz Martin Buber estas palavras. E no silêncio, Elias experimenta Deus. Mas ele precisa cobrir seu rosto com um manto, ele não pode ver Deus. Ele o experimenta apenas como aquele que passa. No silêncio se dissolvem todas as imagens que Elias tinha de Deus, e ele se abre para o Deus incompreensível. Deus é um Deus dos sussurros. Ele vem ao nosso encontro não no barulho que produzimos, mas quando nos silenciamos, quando renunciamos às nossas concepções de Deus e nos abrimos para o mistério incompreensível daquilo que se esquiva de todos os nossos esforços racionais. No silêncio, Deus nos toca com suavidade, para deixarmos de obstruir o espaço entre nós e Ele com os nossos pensamentos, mas desenvolvamos uma sensibilidade para o toque, para a experiência que Ele deseja nos dar. No silêncio, estamos abertos para que Ele nos toque o coração. No silêncio, Ele pode falar conosco sem que o ignoremos. Mas esse silêncio exige que calemos os nossos pensamentos. O silêncio externo não basta. Também os pensamentos precisam se calar para que nós possamos permitir que Deus nos toque.

* * *

Ao saber disso, Jesus retirou-se dali, num barco, para um lugar deserto e afastado.

Mt 14,13

*J*esus acaba de ser informado sobre a execução de João Batista. Aí Ele se retira para um lugar deserto a fim de refletir sobre o significado disso. Ele deseja meditar sobre a figura de João. O que esse homem tem a lhe dizer? Foi ele quem o batizou. A sua espiritualidade contagiou Jesus, mesmo que a pregação de Jesus tenha se afastado claramente da sua: não a penitência rígida, mas primeiro a boa notícia de que o Reino de Deus está próximo. Jesus se retira também para refletir sobre sua própria missão. O que Deus deseja de mim? Como devo ir ao encontro das pessoas? Em que linguagem devo falar-lhes de Deus? Jesus precisa do silêncio para que suas palavras realmente venham de Deus e não sejam apenas uma fala vazia.

Jesus precisa da solidão. Imaginamos que Ele sempre vivia conectado com Deus. Mas, evidentemente, Ele também precisava se retirar da correria do dia a dia para não perder sua conexão interna com Deus e não permitir que as expectativas das pessoas o determinassem. Ele precisava permanecer fiel ao seu íntimo. Se Jesus precisou da solidão para ouvir a voz de Deus em silêncio, nós a precisamos muito mais. Pois corremos constantemente o perigo de permitir que os desejos e as expectativas dos outros nos determinem e de nos deixar levar pelas nossas próprias necessidades. Na solidão encontramos nossa própria verdade. Surgem então todos os tipos de pensamentos e sentimentos. Mas a solidão é também o lugar em que podemos filtrar esses pensamentos e sentimentos, em que podemos reconhecer o que corresponde à nossa essência mais íntima. No silêncio da solidão reconhecemos para onde o nosso caminho pretende nos levar, como podemos viver em harmonia com nosso *self* verdadeiro.

Encontrar a paz

Sossega junto ao Senhor e espera nele! Não te irrites por causa de quem tem êxito, por causa do homem que comete a fraude! Reprime a cólera, abandona o furor. Não te irrites, pois isso levaria para o mal.

Sl 37,7s.

Felix Mendelssohn Bartholdy compôs uma melodia linda para esse texto em seu oratório *Elias*. Um anjo canta para o Profeta Elias: "Sossega junto ao Senhor e espera nele; Ele te dará o que deseja o teu coração. Confia a Ele os teus caminhos e espera nele. Reprime a cólera, abandona o furor. Sossega junto ao Senhor e espera nele". Quando ouço essa ária, tudo se cala dentro de mim. A música me leva para o silêncio.

O salmista aponta dois caminhos para ficarmos em silêncio na presença de Deus.

O primeiro caminho: aguardar em Deus ou, como traduz o saltério de nosso mosteiro, esperar em Deus. Aquele que deposita sua esperança em Deus, encontra a paz interior. Esperar é sempre algo pessoal: Eu espero em você; confio que me ajudará e me dará aquilo de que necessito. Eu espero e aposto em você. Você é o fundamento da minha vida. Assim, não precisamos nos preocupar conosco mesmos. Depositamos nossa esperança não em algo transitório, em algo que passa como uma brisa. Nossa esperança é Deus. Esse é um fundamento que nos sustenta, que nos dá segurança e tranquilidade.

O segundo caminho é não nos irritarmos com outros. Existem muitas pessoas com as quais poderíamos nos irritar. Mas isso é um desperdício de energia. Devemos permanecer junto a nós mesmos. Às vezes, precisamos proibir a nós mesmos que nos irritemos ou murmuremos. Quando decidimos não falar dos outros, eles se tornam menos importantes. Mas quando começamos a nos irritar com os outros e a falar sobre eles, nossa irritação aumenta. Ficamos obcecados com a nossa fúria e nunca alcançamos a paz.

Nós só nos sossegamos junto a Deus quando paramos de nos comparar com os outros, quando desistimos de nos irritar com os outros. A ira que surge dentro de nós precisa ser reconhecida, mas devemos oferecê-la a Deus. Quando nós a oferecemos a Deus, a ira perde seu poder. Ela se dissolve. E nós encontramos a paz.

* * *

Vinde a mim vós todos, que estais cansados e sobrecarregados, e eu vos darei descanso. Tomai sobre vós o meu jugo e aprendei de mim, que sou manso e humilde de coração, e achareis descanso para vossas almas. Pois meu jugo é suave e meu peso é leve.

Mt 11,28-30

*J*esus nos promete descanso. Mas Ele não só o promete como também nos mostra um caminho para encontrá-lo. Podemos nos reconhecer nas pessoas às quais Ele se dirige. São aquelas que se esforçam e carregam pesados fardos. A palavra grega se refere a pessoas que se castigam a si mesmas, que são duras consigo mesmas, que se machucam porque não são como gostariam de ser. E são pessoas que carregam as feridas do passado como um peso, seus padrões de vida que as esmagam, que sempre buscam a culpa em si mesmas, que se desprezam o tempo todo e se pressionam. A essas pessoas Jesus promete descanso se elas vierem a Ele, mas elas precisam estar dispostas a passar por sua escola.

Em sua escola, Jesus nos mostra um caminho para o descanso. Devemos aprender dele duas posturas que nos permitem encontrar descanso para a nossa alma. A primeira é a bondade e a mansidão, o carinho paciente consigo mesmo e com os outros.

Quem quiser encontrar descanso precisa ser bom consigo mesmo. Ele precisa parar de se atacar constantemente. Quando contempla tudo dentro de si com um olhar manso assim que interromper as suas atividades, ele realmente conseguirá descansar.

Muitos desejam encontrar descanso, mas não conseguem porque são cruéis consigo mesmos. Aquele que luta com raiva contra tudo aquilo que surge nele no silêncio jamais encontrará o descanso.

A segunda postura é a humildade. Humildade é a coragem de descer para a própria humanidade, para os abismos da alma. Jesus é humilde de coração. Ele desceu para as profundezas da terra, mas não se esqueceu de seu coração. Tudo que vê dentro de si mesmo e nas nossas profundezas, contempla com um coração bondoso.

Quem seguir esse caminho de Jesus experimenta que seu fardo é leve e que seu jugo não pesa. Jesus nos ergue, Ele não nos oprime. Ele nos dá liberdade interior, não peso e depressão. Ele proclama misericórdia, não sacrifícios (cf. Mt 9,13; 12,7).

O cristão não deve ser vítima do legalismo, ele não deve se sacrificar no altar de seu perfeccionismo, mas tratar-se a si mesmo com misericórdia. A misericórdia torna leve o jugo de Jesus, essa é a postura que Ele deseja comunicar aos seus discípulos com todo o seu ser e com todas as suas palavras. E esse jugo leve nos permite encontrar descanso para a nossa alma.

Ousar um novo começo

O Senhor disse a Abrão: "Sai de tua terra, do meio de teus parentes, da casa de teu pai e vai para a terra que te mostrarei. Farei de ti uma grande nação e te abençoarei, engrandecendo teu nome, de modo que se torne uma bênção. Abençoarei os que te abençoarem e amaldiçoarei os que te amaldiçoarem. Com teu nome serão abençoadas todas as famílias da terra".

Gn 12,1-3

*A*braão, que deixa sua pátria para trás, é, para Paulo, a imagem primordial da fé. Abraão acreditou em Deus e em sua promessa e partiu. Para os primeiros monges, essa despedida era uma imagem de sua própria vida.

A história fala de uma despedida tripla: da pátria, da família e da casa paterna. Os monges interpretaram isso da seguinte maneira: Primeiro precisamos nos despedir de tudo que nos torna dependentes, que nos amarra. Partir significa: ir para a liberdade, libertar-se de tudo que nos impede de viver, libertar-nos das imagens que nos prendem.

A segunda despedida é a despedida dos sentimentos do passado. Devemos deixar para trás os sentimentos feridos e magoados e parar de girar em torno de nós mesmos. Mas só podemos soltar aquilo que aceitamos. Apenas quando me conscientizo disso, consigo soltar. Por outro lado, porém, devemos soltar também os sentimentos de euforia do passado. Algumas pessoas só vivem no passado e glorificam os tempos antigos. Mas assim elas se recusam a estar onde estão vivendo agora.

A terceira despedida diz respeito ao visível. Emigramos de tudo que é valorizado neste mundo: riqueza, posse, reconhecimento, sucesso para seguir o caminho da transformação. Caminhar significa mudar, se mudar, ser mudado. Apenas aquele que se põe a caminho e caminha se mostra disposto a permitir que Deus o transforme.

Quando estamos preparados para partir como Abraão, para nos despedir de tudo que nos é familiar e iniciamos o caminho, nós nos transformamos em bênção para todos. Essa é a promessa vinculada a esse êxodo. Mas só nos tornamos uma bênção para os outros se aceitarmos a bênção de Deus para nós. Somos abençoados. Deus nos falou palavras de bondade. Por isso, devemos parar de avaliar tudo negativamente. Seguimos nosso caminho sob a bênção de Deus. Sua bênção é como um manto de proteção. Assim podemos seguir confiantes o nosso caminho. Pois esse caminho nos levará para a vida. Bênção significa também fertilidade: Nossa vida se torna uma bênção para outros porque nós florescemos e produzimos fruto.

* * *

Quando Israel saiu do Egito e a casa de Jacó, do meio de um povo de língua estranha, Judá se tornou seu santuário, e Israel, seu domínio. À vista disso, o mar fugiu; o Jordão voltou para trás. Os montes saltaram como carneiros, e as colinas como cordeirinhos. Que tens, ó mar, que assim foges? e tu, Jordão, que voltas para trás? Montes, por que saltais como carneiros? e vós, colinas, como cordeirinhos? Estremece, ó terra, na presença do Senhor, na presença do Deus de Jacó, que transforma a rocha em lago, e a pedra dura em manancial.

Sl 114

emos aqui um salmo pascal. Ele lembra os judeus do êxodo do Egito e se transformou em imagem da ressurreição de Jesus para a Igreja. Na ressurreição de Jesus, o inimigo da vida – a morte – permaneceu enterrado nas águas do Mar Vermelho. Jesus ressurgiu; e nós ressurgimos com Ele. Até mesmo a terra reagiu ao milagre do êxodo do Egito. O mar fugiu assustado, as montanhas saltaram como carneiros. O salmista vê isso como dança. Diante da face do Senhor, a terra dança, e a ressurreição atinge toda a terra. O poder da morte foi quebrado. Assim, a terra dança a dança da libertação.

E também nós devemos participar dessa dança da terra, cuja razão está em Deus, que, para nós cristãos, transforma tudo em nós na ressurreição de Jesus. A ressurreição nos transmite a esperança de que não existe nada dentro de nós que não possa ser transformado: não existe escuridão que não possa ser iluminada pela luz, nenhum estarrecimento que não possa ser dissolvido, nenhum fracasso que não possa se transformar em um novo começo, nenhuma morte que não possa ser transformada em vida.

O salmo expressa esse milagre da transformação em duas imagens. Deus transforma a rocha em fonte de água. A rocha é dura, mas no êxodo de Israel do Egito, Moisés, ao receber a ordem de Deus, a toca com seu bastão fazendo jorrar água dela (cf. Ex 17,6; Nm 20,11).

A rocha representa o que há de duro dentro de nós. Muitas vezes, somos duros como pedra, impenetráveis como seixo. Mas a ressurreição de Jesus significa que tudo pode ser quebrado e aberto dentro de nós. Onde há apenas dureza e frieza pode brotar uma fonte que fertiliza toda a nossa vida. E nós podemos nos refrescar na fonte de água fresca. Isso é razão o bastante para dançar na presença desse Deus que transforma tudo em nós e para participar da dança da terra.

* * *

Em seguida, Jesus foi levado pelo Espírito ao deserto para ser tentado pelo diabo. Jejuou quarenta dias e quarenta noites, e depois teve fome. Aproximou-se, então, o tentador e lhe disse: "Se és filho de Deus, manda que estas pedras se transformem em pão". Mas Jesus respondeu: "Está escrito: Não é só de pão que vive o ser humano, mas de toda palavra que sai da boca de Deus". O diabo o levou, então, para a Cidade Santa, colocou-o no ponto mais alto do Templo e lhe falou: "Se és filho de Deus, joga-te daqui para baixo. Porque está escrito: A teu respeito ordenou a seus anjos e eles te carregarão nas mãos, para não tropeçares em alguma pedra". Jesus lhe disse: "Também está escrito: Não tentarás o Senhor teu Deus". O diabo o levou ainda a um monte muito alto, mostrou-lhe todos os reinos do mundo com sua glória e lhe disse: "Tudo isso te darei se, caindo por terra, me adorares". Jesus então lhe falou: "Afasta-te, satanás, pois está escrito: Adorarás o Senhor teu Deus e só a Ele servirás". Então o diabo o deixou e anjos se aproximaram para servi-lo.

Mt 4,1-11

$\mathcal{J}$esus inicia seu ministério público com um retiro no deserto. Antes de falar de Deus e pregar às pessoas, Ele se prepara para isso no deserto. Ele enfrenta as tentações que se infiltram não só na atividade de pregação, mas às quais todas as pessoas se veem expostas em seu caminho da humanização. E essa tentação aparece justamente quando ousamos um novo começo. Esse começo é expressão da nossa fome de reconhecimento? Será que existem ainda outras motivações?

O Evangelho de São Marcos não descreve a tentação em maiores detalhes. Diz apenas que Jesus vivia com os animais selvagens e que os anjos lhe serviam (cf. Mc 1,13). Ele é confrontado na tentação com os aspectos selvagens e brutos de sua alma, mas isso não o domina. Jesus se familiariza, os anjos estão do seu lado. Eles domam o selvagem, para que Ele viva da força do selvagem sem ser devorado pelas feras. No deserto, Jesus conhece os abismos da alma humana, mas toda escuridão e todo aspecto selvagem dentro dele são transformados. A imagem dos anjos expressa isso. O que está escuro se torna claro, e o selvagem se transforma em seu fiel companheiro, em anjo ao lado de Jesus.

Mateus e Lucas, por sua vez, descrevem três tentações que nós enfrentamos em nosso caminho espiritual do nosso devir.

A primeira tentação consiste em usar tudo para si mesmo, em consumir tudo. Hoje em dia, essa tentação não significa tanto transformar tudo em algo comestível. O perigo para nós é consumirmos tudo, usarmos também o sagrado para nós mesmos. Tudo precisa render algo, até mesmo a fé, até mesmo a oração. Tudo é avaliado segundo sua utilidade. Tudo serve à satisfação das nossas necessidades. Já não sabemos mais como permitir que o sagrado seja sagrado, intocável, indisponível. Jesus refere o tentador à declaração das Escrituras de que o homem vive "de toda palavra que sai da boca de Deus" (Mt 4,4). A fome verdadeira do ser humano é espiritual. As palavras ditas por Deus nos permitem viver. Palavras alimentam minha alma.

A segunda tentação se refere à apropriação de Deus. Ele deve ser usado e abusado para aumentar minha autoestima. O perigo dessa tentação é o uso inadequado das palavras bíblicas. O diabo tenta Jesus citando o salmo segundo o qual Deus teria ordenado aos anjos carregá-lo em seus braços. Podemos abusar de Deus para conquistar o reconhecimento das pessoas. Não se trata de agradar a Deus, mas ao nosso próprio ego. Mas quando o sagrado é abusado, destruímos o que há de mais precioso no ser humano. Esse perigo é grande hoje em dia. Deus é usado para a própria imagem. Recorremos a Ele para justificar nossa própria arrogância e para nos colocarmos acima dos outros. Jesus não cedeu a essa tentação. Ele responde com outra palavra bíblica: "Não tentarás o Senhor teu Deus" (Mt 4,7).

Se abusarmos do nosso caminho espiritual para realizar proezas perante as pessoas ou para desenvolver habilidades com as quais nos elevamos acima delas, então – assim diz Jesus – estamos tentando Deus. Usamos Deus para nós mesmos, para o nosso próprio ego. Muito daquilo que, hoje em dia, é vendido no mercado espiritual como caminho para uma experiência maior fortalece apenas o ego, mas não o abre para Deus.

A terceira tentação é o poder. O diabo mostra todos os reinos do mundo a Jesus. Jesus poderia se tornar senhor sobre o mundo inteiro, basta que se prostre diante do diabo e o adore. Em muitas histórias e contos de fada, essa tentação é descrita como pacto com o diabo. O ser humano aumenta seu poder vendendo sua alma ao diabo. Mas isso sempre tem seu preço. O ser humano perde sua liberdade, muitas vezes também o seu amor. Ele esfria, morre em sua alma. Para Mateus, a tentação do poder é o maior perigo. Em seu Evangelho, ele descreve Jesus como aquele que recusa todo poder e toda violência, que reage pacificamente à violência das pessoas e justamente assim demonstra sua filiação confiando no Pai celestial.

Jesus rebate a tentação do poder citando a palavra do Livro do Deuteronômio, com a qual Moisés advertiu o povo de Israel a servir o Deus verdadeiro: "Adorarás o Senhor teu Deus e só a Ele servirás" (Mt 4,10). Todas as três palavras bíblicas que Jesus usa para responder ao diabo são daquele livro. Assim Mateus demonstra que Jesus passou pelas mesmas tentações que o povo de Israel experimentou em seu êxodo do Egito. São também as nossas tentações, que enfrentamos a cada recomeço e a cada êxodo dos hábitos antigos. Apenas se resistirmos às tentações como Jesus, o nosso caminho poderá se transformar em bênção para nós e para as outras pessoas.

* * *

Mas enquanto assim pensava, eis que um anjo do Senhor lhe apareceu em sonho e disse: "José filho de Davi não tenhas medo de receber Maria, tua esposa, pois o que nela foi gerado vem do Espírito Santo. Ela dará à luz um filho, e tu lhe porás o nome de Jesus. É Ele que salvará o povo de seus pecados". Tudo isso aconteceu para que se cumprisse o que o Senhor falou pelo profeta: Eis que a Virgem conceberá e dará à luz um filho, e o chamarão com o nome de Emanuel, que significa: Deus conosco. Quando acordou, José fez como o anjo do Senhor lhe tinha mandado e aceitou sua mulher. [...] Depois que partiram, um anjo do Senhor apareceu em sonho a José e disse: "Levanta-te, toma o menino e sua mãe, foge para o Egito e fica lá até que eu te avise, pois Herodes vai procurar o menino para o matar". José levantou-se, tomou o menino e sua mãe e partiu de noite para o Egito.

Mt 1,20-24; 2,13s.

José está pensando em como se separar de Maria sem humilhá-la publicamente por causa de sua gravidez. Em meio a esses pensamentos, ele recebe a visita de um anjo no sonho. Ela não o traiu. A criança que carrega em seu ventre é do Espírito Santo. O sonho mostra a José a realidade verdadeira que ele havia obscurecido com seus pensamentos. Ele ouve o anjo que se dirige a ele no sonho, se levanta e faz o que lhe foi ordenado. José toma Maria como sua esposa e a leva para a sua casa. Outras três vezes o anjo lhe aparece no sonho e lhe diz o que ele precisa fazer. Ele o protege do Rei Herodes, instruindo-o a fugir para o Egito, ele lhe mostra quando pode retornar porque Herodes faleceu. Durante a viagem, o anjo também o orienta a não voltar para Belém, mas a ir para a Galileia. Pois o filho de Herodes, que agora reina na Judeia, é tão cruel quanto o pai. Mas o rei da Galileia é Herodes Antipas.

Sonhos acompanham o nascimento e a infância de Jesus. O anjo diz a José no sonho o que ele precisa fazer para que a criança cresça sob a proteção de Deus. José obedece aos sonhos. Dele podemos aprender a ouvir nossos sonhos. Principalmente, quando pretendemos iniciar algo novo, Deus pode nos mandar sonhos importantes. Eles nos alertam a perigos, eles nos mostram um caminho. No sonho, o anjo costuma nos falar por meio de imagens. E é importante que tentemos compreender essas imagens com a nossa razão. E deveríamos oferecer os nossos sonhos a Deus, para que Ele os decifre para nós. O José do Antigo Testamento diz aos seus colegas na prisão que lhe pedem a interpretação de um sonho: "Por acaso não cabe a Deus a interpretação dos sonhos?" (Gn 40,8).

É bom perguntarmos a Deus o que Ele pretende nos dizer por meio desse sonho; todas as imagens de um sonho têm um significado. E é bom contemplar essas imagens e então decifrá-las na oração com Deus e com nosso próprio raciocínio. Sonhos podem ser uma ajuda para tomar a decisão certa. Pois muitas vezes o anjo nos mostra algo no sonho que não reconhecemos com nossa consciência, mas que devemos levar em conta em nossa decisão.

* * *

No dia seguinte, João estava lá de novo com dois dos seus discípulos. Fixou o olhar em Jesus que passava, e disse: "Eis o Cordeiro de Deus". Os dois discípulos ouviram isso e seguiram Jesus. Então Jesus voltou-se para eles e, vendo que o seguiam, perguntou-lhes: "A quem procurais?" Responderam-lhe: "Rabi – que quer dizer Mestre – onde moras?" Ele disse: "Vinde e vede". Eles foram, viram onde morava e ficaram com Ele aquele dia. Eram quase quatro horas da tarde.

Jo 1,35-39

João Batista envia dois de seus discípulos a Jesus. Ele reconhece a natureza de Jesus: "Eis o Cordeiro de Deus". Nessa pessoa, que é uma entre muitas, resplandece a glória de Deus. Os discípulos entendem a declaração de mestre e seguem Jesus. Estão curiosos. Mas Jesus se volta para eles e pergunta: "O que vocês querem?" Uma pessoa que deseja recomeçar deveria saber o que quer. Não basta correr atrás de uma pessoa, eu preciso saber o que quero fazer com minha vida, que rastro eu quero deixar inscrito neste mundo. Hoje em dia, existem muitas pessoas que começam algo novo com entusiasmo, mas que, após poucas semanas, perdem o interesse e passam a seguir outra tendência. Outra pessoa conseguiu convencê-las de outro método. Assim, passam a seguir esse novo método, mas não conseguem avançar em seu caminho. Por isso, a pergunta de Jesus é importante sempre que começamos algo novo: "O que você quer de verdade? Você sabe o que quer? Você está disposto a assumir as consequências daquilo que você quer?"

Os discípulos não conseguem responder imediatamente à resposta de Jesus. Eles respondem com uma pergunta: "Onde moras?" Primeiro, antes de segui-lo, querem conhecê-lo. Isso faz sentido. Primeiro queremos nos familiarizar com aquele que nos mostra um novo caminho. Ele é convincente? Ele está prometendo demais? Jesus leva a necessidade dos discípulos a sério. Ele os encoraja: "Vinde e vede!" Eles devem ver onde Ele mora, como vive, qual é a sua aura. Não devem segui-lo cegamente, mas primeiro fazer suas experiências com esse Jesus. Então poderão decidir se desejam abandonar seu antigo mestre João e seguir a Jesus.

Os discípulos foram com Jesus e viram onde Ele morava. Sentiram sua aura e confiaram em seus instintos. A hora informada – "Eram quase quatro da tarde" – certamente não foi escolhida por acaso. Para os judeus era a décima hora do dia. Dez é o número da integralidade. Os discípulos sentem que, na proximidade de Jesus, eles podem se tornar pessoas íntegras e completas, que agora podem conectar numa totalidade aquilo que, até então, estava desconectado. Ele lhes transmite a confiança de poderem ser aquilo que são em sua essência.

Nesse episódio, São João Evangelista colocou a palavra "ver" no centro. Jesus ensina aos discípulos a arte de ver. Eles devem ver não só superficialmente aquilo que se apresenta aos seus olhos. Eles devem desenvolver uma visão mais profunda. No fim das contas, as diferentes palavras que João usa para a visão pretendem reconhecer a essência do ser humano e reconhecer Deus nele.

Quando pretendemos seguir outra pessoa, devemos olhar com cuidado e ver o que essa pessoa irradia, qual é a essência que ela nos revela. E devemos ver se podemos reconhecer Deus nessa pessoa ou apenas seu próprio ego que ela celebra com seu conhecimento. Apenas quando reconhecemos Deus e a vontade de Deus numa pessoa, podemos segui-la, podemos seguir suas orientações. Quando alguém nos promete demais e expor seu ego com palavras grandiosas demais, não devemos segui-la. Então nos perguntamos o que Deus quer de nós. E a vontade de Deus sempre nos leva para a vivacidade, para a liberdade, para a paz e para o amor.

* * *

Um fariseu convidou Jesus para vir comer com ele. Jesus entrou em sua casa e se pôs à mesa. Uma mulher que era pecadora na cidade, quando soube que Ele estava à mesa em casa do fariseu, trouxe um vaso feito de alabastro cheio de perfume. Ela se pôs atrás de Jesus, junto aos pés, chorando. Começou a banhar-lhe os pés com as lágrimas e enxugá-los com os seus cabelos; beijava os pés e os ungia com o perfume. Ao ver isso, o fariseu que o tinha convidado ficou pensando: "Se este homem fosse profeta, saberia quem é e que espécie de mulher é esta que o toca: é uma pecadora". Tomando a palavra, Jesus lhe disse: "Simão, tenho uma coisa para dizer-te". E ele disse: "Fala, Mestre". "Um credor tinha dois devedores: um lhe devia quinhentas moedas de prata, o outro cinquenta. Como não tivessem com que pagar, perdoou os dois. Quem deles o amará mais?" Simão respondeu: "Suponho que seja aquele a quem perdoou mais". Disse-lhe Jesus: "Julgaste bem". E, voltando-se para a mulher, disse a Simão: "Vês esta mulher? Entrei em tua casa e tu não me deste água para lavar os pés. Ela banhou meus pés com lágrimas e os enxugou com os seus cabelos. Tu não me saudaste com o beijo. Ela, desde que entrei, não parou de me beijar os pés. Tu não me ungiste a cabeça com óleo. Ela me ungiu os pés com perfume. Por isso, eu te digo que perdoados lhe são os muitos pecados, porque ela mostrou muito amor. Mas aquele a quem pouco se perdoa, mostra pouco amor". E Jesus disse à mulher: "Os teus pecados estão perdoados". Os convidados começaram a se perguntar: "Quem é este que perdoa até os pecados?" E Jesus disse à mulher: "A tua fé te salvou. Vai em paz!"

Lc 7,36-50

Numa história maravilhosa, o evangelista São Lucas nos conta como também uma pessoa que é julgada pecadora por todos os outros pode ousar um novo começo. Nessa história, Lucas se revela um talentoso narrador. Ele recorre ao estilo da literatura do simpósio grego, principalmente à aparição de convidados inesperados e ao diálogo, que caracteriza os banquetes gregos.

Jesus está deitado à mesa de um fariseu – como era o costume em círculos helenísticos. Aí acontece a surpresa. Uma pecadora conhecida na cidade inteira entra e, de trás, se aproxima de Jesus. Ela molha seus pés com suas lágrimas, enxuga-os com seus cabelos e os unge com um óleo precioso. A unção da cabeça fazia parte dos ritos de saudação da época, mas a unção dos pés é algo inédito. É uma cena erótica, pois apenas a esposa ou uma filha podia ungir os pés de um homem. E soltar o cabelo era, na época, um ato muito sensual. Enquanto ela age de modo escandaloso aos olhos dos outros convidados, Jesus interpreta seu comportamento de modo positivo. Ele vê suas lágrimas, seu sofrimento, seu anseio por amor verdadeiro.

Jesus toma a iniciativa e conta ao fariseu, que havia questionado sua conduta, uma parábola emprestada do mundo do comércio de créditos (Lc 7,41s.). E então Ele o repreende publicamente por sua conduta e defende a ação da mulher, na qual reconhece uma expressão de seu amor. E esse amor é um sinal de que muito lhe foi perdoado. Jesus perdoa a mulher publicamente, na frente de todos os convidados. Lucas não diz se Jesus a perdoa porque ela demonstrou tamanho amor por Ele ou se apenas confirma o perdão que foi a razão de seu amor. Perdão e amor estão entrelaçados aqui. Não vale a pena debater o que veio primeiro, o perdão ou o amor. Amor e perdão dependem um do outro.

Nessa cena, Lucas pretende descrever não só a atenção amorosa que Jesus dá à pecadora. Certamente está pensando também na situação de sua comunidade cristã, onde há também aqueles que se enojam com alguns recém-convertidos que não possuem um passado honroso. Observamos o mesmo fenômeno também hoje em nossas igrejas. Existem pessoas que se elevam acima de outras e não lhe concedem a oportunidade de um novo começo. Mas a experiência mostra: Justamente aquelas pessoas que se converteram em meio a uma situação complicadíssima demonstram uma cordialidade especial. Seu amor é expressão do perdão que elas experimentaram.

Aquele que percebe o perdão como libertação de sua biografia fracassada perdoará também aos outros de coração. Ele não se elevará acima dos pecadores porque sabe que ele mesmo havia desperdiçado sua vida antes de experimentar o perdão e encontrar o novo caminho da salvação.

A mensagem é: Jamais é tarde demais para mudar de direção.

Se você ama, pode confiar que Deus lhe perdoou tudo; não precisa mais carregar seu passado como um fardo; pode soltá--lo e ousar um novo começo. Contudo, não ouse esse começo como alguém que precisa ser perfeito, mas como alguém que é misericordioso consigo mesmo e com os outros porque Deus foi misericordioso com ele.

* * *

Quem está em Cristo é criatura nova. O que é velho passou, e um mundo novo nasceu.

2Cor 5,17

Os primeiros monges prezavam essa palavra da Segunda Epístola aos Coríntios como remédio contra a tristeza. Alguns monges haviam tido uma infância difícil. Sentiam que haviam sido negligenciados. Não haviam recebido uma educação, haviam crescido em pobreza e, muitas vezes, num ambiente de violência.

Conhecemos essa experiência ainda hoje. Algumas pessoas se sentem tão desencorajadas e impotentes quanto os monges no passado: "Não tenho nada. Não sirvo para nada. Tudo está errado em minha vida. Jamais conseguirei levar uma vida boa".

Quando alguém descobre esse tipo de pensamentos dentro de si, deve recitar esta palavra de Paulo: "Quem está em Cristo é criatura nova. O que é velho passou, e um mundo novo nasceu". Quando recita essas palavras repetidamente e acredita nelas, ele se vivenciará de maneira nova. Sentirá que o passado não o define. O que foi no passado já não vale mais. Ele é apenas aquela pessoa que vivenciou os anos passados. E nele existe também algo novo que ele não consegue compreender ainda.

Mas quando se crê que Cristo é nele algo novo, primordial, que ainda não foi prejudicado e danificado, a pessoa se vivencia de forma nova e sente que esse novo momento lhe pertence. E ela está sob a bênção de Deus.

Ele se encontra na realidade de Jesus Cristo, que está em nós. Seu Espírito está em nós; é o Espírito renovador de Deus que consegue transformar e renovar o velho. Não é uma fuga do passado, mas uma transformação por meio do novo que está em nós por meio de Cristo. Nós aceitamos o nosso passado, mas lhe tiramos o poder. Confiamos que existe uma nova realidade dentro de nós, a realidade de Jesus Cristo. E ela é mais forte do que o nosso passado. Confiando no novo, podemos traçar novos caminhos, o caminho que Deus reservou para nós. É um caminho da reconciliação e um caminho da transformação.

* * *

Devereis abandonar vossa antiga conduta e despir a velha natureza, corrompida por paixões enganosas, para uma transformação espiritual de vossa mentalidade, e revestir-vos da nova natureza, criada segundo Deus em justiça e verdadeira santidade.

Ef 4,22-24

A pessoa que foi batizada despiu a velha natureza. Ela se tornou nova em Jesus Cristo. Mas aquilo que aconteceu no Batismo precisa ser realizado constantemente também na nossa conduta. Assim a Carta aos Efésios nos adverte a despir a velha natureza e revestir-nos da nova natureza.

A velha natureza é caracterizada pelo desejo e pela ilusão. Ela vive numa enganação. Ela se ilude e vive uma mentira de si mesmo e da realidade. E isso leva à perdição. Esse tipo de pessoa se destrói interiormente. Ela se dissolve. Ser cristão significa: conversão e renovação. No texto grego, a palavra aqui é: *anastrophe*, meia-volta, que significa transformação. Aquele que se reveste de Cristo no Batismo precisa realizar essa conversão, porque já foi transformado em sua essência.

E ele deve permitir sua renovação, deve tornar-se novo, adotar uma nova postura, pois seu íntimo já foi renovado. Paulo usa aqui uma expressão curiosa, *de to pneumati tou noos*. Literalmente, isso significa: no espírito da razão. Eu entendo essa expressão assim: no ser interior, no íntimo da alma. O espírito de Jesus deve determinar o nosso pensamento. A renovação e transformação começa no pensamento. Quando entretemos pensamentos novos, a nossa vida também pode ser renovada.

E então Paulo encerra com a advertência de que precisamos nos revestir com a criatura nova. Devemos nos fundir com a pessoa nova em que nos transformamos por meio do Batismo.

Apesar do Batismo, a natureza velha continua presente em nós e volta a se manifestar sempre de novo. Por isso, é preciso um ato consciente para se revestir com a natureza nova e tornar-se um com ela. Essa nova pessoa corresponde à imagem que Deus tem de nós. E ela é caracterizada pela justiça e santidade autêntica. Ela faz jus a si mesma e às pessoas. É verdadeira e autêntica.

Podemos exercitar isso toda manhã quando nos vestimos. Antigamente em nosso mosteiro, costumávamos rezar quando vestíamos o hábito e o cuculo. Mas você pode recitar estas palavras também quando vestir sua camisa ou seu vestido: Visto Cristo como novas vestes. Vivo hoje como uma pessoa nova, como uma pessoa marcada pelo Espírito de Deus e renovada interiormente. Assim, vivenciamos o novo dia também como um novo começo. Hoje começamos a viver. O que foi no passado não é importante agora.

Encontrar serenidade

Não cortejeis a morte com uma vida extraviada, nem provoqueis a ruína com as obras de vossas mãos. Pois Deus não fez a morte, nem se diverte com a perdição dos seres vivos. Criou todas as coisas para a existência; as criaturas do mundo são salutares e nelas não há veneno mortal, nem a morte tem poder sobre a terra, pois a justiça é imortal.

Sb 1,12-15

O Livro da sabedoria combina a sabedoria grega com a judaica. A mensagem central desses versículos é que Deus criou tudo para a existência e que as criaturas do mundo trazem cura. Tudo que é é bom e serve ao ser humano para que ele se cure. Mas as pessoas cortejam também a morte. Elas se dedicam a mil atividades e acreditam que isso é a vida verdadeira. Mas é possível que, na verdade, elas estejam como que mortas, perdendo-se nessas atividades.

Deus não quer a morte do ser humano, mas que ele viva. Aquilo que Ele criou é bom. Ele não injetou o veneno da perdição nas coisas. Quando o ser humano corteja a morte e experimenta a sua perdição, age contra aquilo que Deus criou. Tudo o que Deus criou é bom. Ele criou tudo em justiça. E essa justiça é imortal.

As palavras do Livro da Sabedoria nos convidam a permitir que as coisas sejam como são. Não precisamos mudar tudo constantemente. Serenidade significa primeiramente permitir que as coisas sejam.

Existe hoje uma mania de otimizar tudo. Precisamos nos otimizar o tempo todo. Precisamos aproveitar o tempo ao máximo. O Livro da Sabedoria nos convida a simplesmente nos darmos tempo e a desfrutá-lo, sem a obrigação de fazer algo. E ele nos convida a permitir também que nós sejamos como somos, na confiança de que encontraremos a figura que Deus imaginou para nós. Muitas pessoas não conseguem encontrar um minuto de tranquilidade por causa de sua mania de otimização. E jamais estão satisfeitas, pois jamais alcançam o máximo. Mas essa mania as faz perder a vida.

Aquilo que o Livro da Sabedoria recomenda já foi ressaltado anteriormente pela filosofia chinesa. Ela fala do *Wu-wei*, o grande deixar. As coisas se desenvolvem como bênção para nós se as deixarmos em paz. Nossas intervenções nervosas não as melhoram, mas pioram. Deus criou as coisas de tal forma para que incentivem a vida do ser humano. Elas fortalecem a vida por meio de sua beleza, que tem um efeito curador para o ser humano. E elas fortalecem a vida por meio da força curadora que se encontra nas dádivas da criação, nas plantas, principalmente nas ervas, mas também em tudo que serve ao ser humano como alimento. Essa postura de deixar as coisas como são conduz também à postura da serenidade.

* * *

Por isso vos digo: Não vos preocupeis com vossa vida, com o que comereis, nem com o corpo, com o que vestireis. Não será a vida mais do que o alimento e o corpo mais do que as vestes? Olhai os pássaros do céu: não semeiam, nem colhem, nem guardam em celeiros, mas o Pai celeste os alimenta. E vós não valeis muito mais do que eles? Quem de vós, com suas preocupações, pode aumentar a duração de sua vida de um momento sequer? E por que vos preocupais com as vestes? Observai como crescem os lírios do campo: não trabalham nem fiam. Mas eu vos digo que nem Salomão com toda a sua glória se vestiu como um deles. Se Deus veste assim a erva do campo, que hoje cresce e amanhã será lançada ao fogo, quanto mais a vós, gente de pouca fé! Por isso não vos preocupeis, dizendo: 'O que vamos comer? O que vamos beber? Com que nos vamos vestir?' São os pagãos que se preocupam com tudo isso. Ora, vosso Pai celeste sabe que necessitais de tudo isso. Buscai, pois, em primeiro lugar o Reino de Deus e sua justiça e todas estas coisas vos serão dadas de acréscimo.

Mt 6,25-33

*M*artin Heidegger compreende o ser humano essencialmente como alguém que se preocupa. Jesus vê o ser humano de outra forma. O ser humano corresponde à sua essência quando confia e vive na base da confiança.

Jesus fala essas palavras não só para as pessoas de seu tempo, mas também para nós nos dias de hoje. E hoje essas palavras possuem uma atualidade nova. Conheço muitas pessoas que se preocupam o tempo todo. Elas assistem na TV as notícias mais recentes sobre ataques terroristas e têm medo de se tornarem vítima do terror. Leem sobre substâncias tóxicas no alimento e temem adoecer por causa daquilo que comem. Temem que o dinheiro possa ser desvalorizado e suas economias percam seu valor, que sua aposentadoria não esteja segura. Vivem em preocupação constante. As mídias que nos mostram constantemente tudo que há de negativo no mundo intensificam as preocupações em certas pessoas. Quando assistimos na TV às notícias mais recentes sobre guerra e terror, sobre epidemias ou crises econômicas, precisamos das palavras de Jesus: "Não vos preocupeis com vossa vida" (Mt 6,25).

Essa poesia de Jesus sobre a despreocupação provocou o protesto de muitos. Mas Jesus não é ingênuo. Ele sabe que precisamos nos preocupar com o nosso futuro. Mas, quando fala de preocupações aqui, Ele está se referindo a outra coisa. A palavra grega *merimna* se refere à expectativa temerosa de algo, ao medo de algo, à preocupação assustada. Os gregos falam de preocupações que atormentam, que ocupam toda a atenção da pessoa. A pessoa se reduz a preocupações. Jesus quer nos proteger dessa preocupação temerosa. Ele usa duas imagens que podem nos ajudar a aprender a confiança. A imagem das aves que não semeiam e colhem tem em vista o trabalho do homem. E a imagem das flores no campo que não fiam é uma reação ao trabalho tradicional das mulheres. Ele não quer dizer que homens e mulheres devem parar de trabalhar. Mas eles devem fazê-lo com a confiança e a leveza dos pássaros, que agradecem ao Criador celestial pelas dádivas que Ele lhes dá.

E devem fazê-lo com a confiança das plantas, que simplesmente crescem. Deus faz crescer algo também em nós. Nós devemos nos abrir para o seu Espírito. Aquilo que cresce em nós será mais forte do que a preocupação constante. O medo de não ter o suficiente, de não conseguirmos garantir o nosso sustento por meio do nosso trabalho, distorce o nosso trabalho.

Não devemos parar de trabalhar, mas trabalhar na confiança de que Deus abençoa a obra das nossas mãos. Trata-se sobretudo do Reino de Deus. Quando Deus ocupa o centro, o nosso trabalho também encontra sua medida certa, e nós o realizaremos com a postura apropriada. Nós nos alegraremos com a obra das nossas mãos, que tem o privilégio de imitar Deus como Criador, mas nós o fazemos livre da preocupação se tudo bastará para o nosso sustento e as nossas muitas necessidades.

Trabalhar com serenidade, garantir o futuro financeiro da nossa família com serenidade, é disso que Jesus está falando. E essa serenidade é uma fonte de energia. Uma pessoa que trabalha em medo constante de não conseguir suprir suas necessidades desperdiça muita energia. Quando trabalhamos com a leveza das aves e com a confiança das plantas, algo crescerá através de nós e florescerá e se transformará em bênção para nós e para as pessoas para as quais trabalhamos.

* * *

Irmãos, olhai para vós que fostes chamados por Deus: não há muitos sábios segundo a carne, nem muitos poderosos, nem muitos nobres. Antes, o que o mundo acha loucura, Deus o escolheu para confundir os fortes; e o vil e desprezível aos olhos do mun-

do, o que não é nada, Deus o escolheu para destruir o que é, para que nenhum mortal se orgulhe diante de Deus.

1Cor 1,26-29

Com esses versículos, Paulo convida a comunidade de Corinto a olhar para si mesma. Seus membros devem perceber que existem poucas pessoas cultas e influentes entre eles, poucas pessoas de famílias respeitadas.

Paulo não exclui os ricos da comunidade, mas a realidade é que Deus escolheu justamente os fracos e os incultos e as pessoas de famílias simples. Elas estão mais abertas para a mensagem de Jesus do que os ricos, que já têm tudo e que não têm fome de bens interiores.

Deus elegeu aquilo que, aos olhos do mundo, é nada, não vale nada, para destronar ou até mesmo destruir aquilo que é algo, que se orgulha de seu *status*, de sua importância, de sua fama no mundo. Deus não quer que ninguém se orgulhe diante dele.

Mesmo que as palavras de Paulo visem aqui primeiramente à composição sociológica da comunidade de Corinto, elas têm uma importância também para nós nos dias de hoje. Elas querem nos encorajar a desistir de qualquer comparação com as pessoas importantes e bem-sucedidas.

Deus não se importa com a fama, com a riqueza, com o sucesso. O que importa é que o ser humano siga o chamado de Deus. O que importa não é o que ele vale no mundo, mas que dirija seu anseio a Deus. E justamente ali a necessidade que sofremos muitas vezes pode ser uma ajuda para que nos orientemos por Deus e esperemos tudo de Deus.

Essa liberdade do orgulho e a liberdade da comparação com outros resulta numa serenidade interior. Podemos ser como somos. E permitimos que os outros sejam como são. Desistimos de nos comparar com os outros. Somos gratos por termos sido chamados por Deus. O que Deus pretende com as outras pessoas é problema dele. Não precisamos nos preocupar com isso. Por isso, não desprezamos ninguém, mas também não admiramos as pessoas respeitadas pelo mundo. Nós olhamos para Deus. Nele encontramos o nosso valor. Isso nos liberta de toda preocupação, se temos sucesso ou se somos bons os suficientes aos olhos do mundo. A avaliação do mundo não nos importa. Nós nos abrimos para Deus em nossa fraqueza. E dele recebemos o nosso valor. Assim podemos seguir o nosso caminho com serenidade, sem nos preocupar constantemente se somos bons o bastante aos olhos do mundo.

Encontrar a criança dentro de mim

Estou sossegado e tranquilo; como a criança saciada no colo da mãe.

Sl 131,2

A palavra alemã para "tranquilo" [*still*] vem da palavra *stellen* ("colocar de pé"). Originalmente significava fazer com que alguém ficasse de pé. Tranquilo é, portanto, aquele que para e fica de pé, aquele que não foge de si mesmo, mas que se aguenta de pé. Ele para a fim de encontrar um apoio interior. Ele para e pensa para onde deseja ir.

Mas quando paramos e desistimos de nossa rota de fuga, surge uma fome dentro de nós. E assim a palavra *still* recebe ainda outro significado – a mãe amamenta [*stillt*] a criança. Ela a acalma, matando sua fome. Não são apenas as palavras que podem gerar barulho e inquietação, mas também a fome. Sim, é justamente quando paramos e deixamos de fazer alguma atividade externa que sentimos essa fome interna. Sentimos uma inquietação interior. Então precisamos da mãe que nos acalma.

Para nós adultos isso significa: Precisamos de algo materno que nos acalma. Precisamos de abrigo. O salmista tem certeza de que Deus nos dá esse acolhimento materno. Por isso, podemos encontrar tranquilidade em Deus e matar a nossa fome.

Encontramos no salmo ainda a expressão de outra experiência. Quando estamos em silêncio total, entramos em contato com a criança amamentada em nós. Surge a experiência primordial: A nossa mãe nos saciou. Agora estamos totalmente satisfeitos. Podemos encostar no seio materno e sentir-nos acolhidos. É um silêncio agradável.

Para algumas pessoas, o silêncio é algo assombroso. Elas entram em pânico quando se faz silêncio ao seu redor. Surgem pensamentos de que não viveram plenamente ou viveram longe de sua verdade. Não entram em contato com a criança amamentada, mas com a criança ignorada e negligenciada. Essa criança se manifesta no silêncio. Numa situação assim é importante amamentarmos e acalmarmos a criança inquieta em nós, voltando-nos para ela com carinho.

O silêncio só é agradável se soubermos que Deus nos sacia. No silêncio surgem anseios, ansiamos acolhimento, amor, um lar. Não ajuda querermos voltar para a nossa infância, quando nos sentíamos amados pela mãe. Vale redirecionar esse anseio para Deus que é capaz de nos saciar agora e satisfaz nosso anseio mais profundo. Estamos acolhidos em Deus: Em sua presença podemos ser como uma criança. Não precisamos provar nosso valor ou apresentar serviço. Podemos simplesmente ser — com nossa fome, com nossas necessidades, com nossa sensibilidade. Quando nos apoiamos em Deus, nós nos acalmamos.

* * *

Pegou uma criança, colocou-a no meio deles e, abraçando-a, disse-lhes: "Quem receber uma destas crianças em meu nome é

*a mim que recebe; e quem me recebe, não é a mim que recebe,
mas aquele que me enviou".*

Mc 9,36s.

Os discípulos estão brigando porque cada um quer ser
o maior. Cada um quer ser aquele que tem a maior intimidade
com Jesus e que exerce o papel mais importante em sua comunidade. Eles estão interessados em sua influência, em seu
reconhecimento, em sua fama.

Jesus pega uma criança e a coloca no meio dos discípulos.
Essa criança deve ensinar-lhes o que realmente importa em sua
vida. Então Ele abraça a criança. Ele se volta para ela. Aquele
que abraça e acolhe uma criança, como Jesus o faz aqui, acolhe
o próprio Jesus, e, acolhendo Jesus, acolhe o próprio Deus em
seu coração. Não se trata, portanto, de grandeza, mas de servir
aos pequenos, ignorados e insignificantes e de acolhê-los na
comunidade. Servir em vez de dominar – esta é a mensagem
de Jesus.

Mas para mim essa palavra de Jesus significa algo mais.
Devemos aceitar a criança em nós e abraçá-la. A criança dentro
de nós representa a vivacidade e originalidade interior que nós
tínhamos quando éramos pequenos. Quando crianças, nós não
vivíamos segundo as expectativas dos outros. Simplesmente vivíamos. Fazíamos aquilo que surgia em nosso íntimo. A criança
nos lembra do ser puro. Somos simplesmente, sem a necessidade
de provar algo ou mostrar serviço.

Mas existe dentro de nós não só a criança original, há também a criança machucada que grita toda vez que somos feridos de forma semelhante. A criança abandonada grita quando precisamos nos despedir. Surge então o antigo medo de sermos abandonados novamente. A criança que nunca conseguiu satisfazer os pais se manifesta quando precisamos resolver uma tarefa e pensamos que não somos bons o bastante para isso.

Vale então abraçar a criança machucada, assim como Jesus abraçou aquela criança. Aquele que abraça essa criança machucada e triste dentro de si acolhe o próprio Jesus, o próprio Deus. A criança machucada o guia então para a criança divina em seu íntimo.

Cada um tem dentro de si também uma criança divina. Ela se encontra no fundo da nossa alma, no espaço interior do silêncio. A criança divina nos mostra a imagem original e intocada que Deus tem de cada um de nós. Então resplandece dentro de nós o brilho original de Deus.

* * *

Vendo isso, Jesus se aborreceu e lhes disse: "Deixai vir a mim as crianças e não as impeçais, pois o Reino de Deus é daqueles que são como elas. Eu vos asseguro: Quem não receber o Reino de Deus como uma criança, jamais nele entrará". Jesus abraçava as crianças e as abençoava, impondo as mãos sobre elas.

Mc 10,14-16.

$\mathcal{M}$arcos relata duas cenas com crianças. Na primeira, trata-se de parar de girar em torno da própria grandeza e tornar-se como uma criança, abraçar a criança interior e assim entrar em contato com o verdadeiro *self*. Nessa segunda cena, os discípulos querem estar a sós com Jesus. As crianças só atrapalham. Para eles, não é importante conversar com as crianças. Mas Jesus se opõe. Ele quer que as crianças estejam ao seu redor, pois elas têm algo importante a ensinar aos discípulos. Os discípulos não podem entrar no Reino de Deus se não se tornarem iguais a crianças (cf. Mt 18,3).

O Evangelho de São Marcos diz: Trata-se de receber o Reino de Deus como uma criança. Uma criança ainda entende o presente. Ela ainda consegue se admirar. Ela está aberta para o mistério. Ela abre seus olhos e suas mãos e aceita os presentes.

Não podemos merecer o Reino de Deus por meio do nosso desempenho, ele é sempre um dom. Os discípulos não devem disciplinar as crianças, mas aprender delas. Eles podem aprender com elas como eles devem receber o Reino de Deus. Reino de Deus significa: Deus domina em nós. Muitas vezes, são outros os deuses que dominam nos adultos. Domina a ganância, ou o desejo de fama, ou a ambição, ou o sucesso e o reconhecimento humano. Quando o ser humano está cheio desses senhores interiores, ele não consegue entrar no Reino de Deus. Pois assim Deus não pode dominar dentro dele. A criança ainda está aberta, seu íntimo ainda não está ocupado por outros senhores. E a essa abertura se junta ainda a capacidade de se admirar, a sensibilidade para o milagroso. É um mistério o fato de que

Deus vai ao encontro dos seres humanos, que Deus deseja habitar e reinar no ser humano.

A criança ainda está aberta para as boas-novas. Os adultos acham que já sabem de tudo. Eles duvidam das palavras de Jesus. Ele não tem nada de novo para lhes dizer. Sua razão sabe de tudo, ela interpreta e define o mundo com seus próprios pensamentos que, contudo, não conseguem penetrar os pensamentos de Deus.

A criança faz muitas perguntas, deseja reconhecer o mistério do ser humano e o mistério de Deus. Apenas quem estiver cheio de perguntas como a criança e quem ainda consegue se admirar como uma criança, apenas este está aberto para o Reino de Deus, apenas este entra no Reino de Deus.

A formulação "receber o Reino de Deus como uma criança" é ambígua. A criança pode ser sujeito. Devemos aprender da criança como receber o Reino de Deus. Mas a criança pode ser também objeto. Nesse caso, devemos receber o Reino de Deus como quando recebemos uma criança. Jesus ilustra isso para os discípulos abraçando a criança, impondo-lhe as mãos e abençoando-a. Devemos abraçar o Reino de Deus como algo precioso e carinhosos devemos abençoá-lo. Devemos descrever seu mistério com as palavras: Deus deseja reinar em nós. E quando Ele reina em nós, nós podemos ser livres e autênticos como uma criança. Podemos ser nós mesmos, sem a pressão de satisfazer as expectativas dos outros.

O espaço interior

Quando rezares, entra no teu quarto, fecha a porta e reza ao teu Pai que está no oculto. E o Pai, que vê no oculto, te dará a recompensa.

Mt 6,6

Alguns rezam em público apenas para serem vistos. Para Jesus, essas pessoas que rezam publicamente apenas para se ostentar são hipócritas. Seus discípulos devem rezar na despensa, trancar a porta e se esconder dos olhos das pessoas. E não devem usar muitas palavras, mas rezar ao Pai. É uma oração pessoal dirigida a Deus.

Jesus diz: "Reza ao teu Pai!" Entre em contato com seu Pai. As palavras não são importantes. O que importa é o encontro com Ele, com o Pai que se interessa por você. Rezar é, portanto, um encontro pessoal e um diálogo com nosso Pai, que nos conhece e nos ama pessoalmente. Esse Pai é oculto, e também vê o oculto. Ele consegue enxergar também na escuridão e vê aquilo que nós escondemos de nós mesmos e do mundo. Para Ele, nada é oculto.

O oculto é também o secreto, aquilo que está protegido de todas as outras pessoas. Não é só a despensa que está trancada e à qual ninguém tem acesso. É, ao mesmo tempo, uma imagem para o espaço interior no fundo da alma, ao qual ninguém tem acesso, ao qual nem mesmo o barulho do mundo tem acesso, inclusive as muitas vozes que tentam nos influenciar. É o espaço interior do silêncio.

Deus não só vê esse espaço interior do silêncio, Ele o habita. E assim rezar significa mergulhar no espaço interior do silêncio onde ocorre o encontro com Deus. Quanto mais mergulhamos na nossa alma, mais intenso é nosso encontro com Deus, que habita no fundo da nossa alma. É um espaço secreto, um espaço onde habita o mistério de Deus e o mistério da nossa própria pessoa. Não somos apenas o papel que exercemos, somos uma imagem singular que Deus tem de nós. Cada um de nós é uma pessoa pela qual Deus se interessa e chama pelo nome.

Rezar não significa apenas dialogar com Deus, mas simplesmente conviver com Ele no lugar oculto, no refúgio no fundo da nossa alma. Lá estamos protegidos das palavras das pessoas que nos magoam, de seus comentários sobre nós e nossa conduta, de suas expectativas e exigências.

E nós nos sentimos em casa nesse refúgio. Nós nos sentimos acolhidos no oculto. É um lugar protetor, um *refugium*, como dizem os latinos. A psicologia nos aconselha a buscarmos um lugar de refúgio quando somos assolados por pensamentos negativos ou lembranças traumáticas. Devemos escolher um lugar em que nos sentimos à vontade e seguros. Muitos sugerem que nos imaginemos num lugar em que nos sentimos protegidos durante alguma viagem.

A oração nos conduz para um lugar de refúgio interior que cada um tem dentro de si. É nesse lugar que nos sentimos seguros. Lá, onde habita o mistério de Deus, nós podemos estar em casa conosco mesmos e encontrar um lar dentro de nós. A oração não é algo que devemos ostentar em público para demonstrar nossa piedade; ela é algo que nos faz bem. Mergulhamos num refúgio interior, escondido dos olhares das pessoas, onde encontramos também o Deus oculto. Não nos gabamos desse Deus. Mas em meio às turbulências da vida, podemos descobrir esse lugar protegido e saber que Deus está em nós para nos proteger dos ataques das pessoas hostis.

4

"ELE ENXUGARÁ AS LÁGRIMAS DE SEUS OLHOS"

Encontrar força em tempos sombrios

Cair e levantar

Meu Deus, meu Deus, por que me abandonaste? Minha salvação fica longe, apesar das palavras do meu lamento. Meu Deus, clamo de dia, e não respondes; de noite, porém não encontro sossego. Tu, porém, és o Santo, entronizado para o louvor de Israel. Em ti confiaram nossos pais; confiaram, e Tu os libertaste; clamaram a ti e ficaram livres, confiaram em ti e nunca foram decepcionados. Mas eu sou um verme e não mais um homem, injuriado pelos homens e desprezado pelo povo. [...] Rodeiam-me muitos novilhos, cercam-me touros de Basã. Abrem contra mim suas fauces leões que devoram e rugem. [...] Salva-me da goela do leão, e dos chifres dos búfalos! Tu me atendeste. Anunciarei teu nome aos meus irmãos, hei de louvar-te no meio da assembleia: "Vós, que temeis o Senhor, louvai-o! Glorificai-o vós todos, descendentes de Jacó! Respeitai-o vós todos, descendentes de Israel! Porque Ele não desprezou nem desdenhou o aflito em sua aflição, nem lhe ocultou sua face, mas ouviu-o, quando lhe gritou por socorro".

Sl 22,2-7.13s.22-25

*E*m Mateus e Marcos, o início do Sl 22 é a última palavra de Jesus. Ele morre com o grito: "Meu Deus, meu Deus, por que me abandonaste?" (Mt 27,46; Mc 15,34). Alguns teólogos desenvolveram a partir disso uma doutrina do abandono de Jesus. Mas não devemos esquecer que Ele rezou todo o salmo na cruz. É assim que Mateus introduz a palavra de Jesus, de modo que não há dúvida: Na cruz, Ele reza em voz alta o salmo inteiro.

O salmo começa com o lamento do abandono. Jesus dirige seu lamento a Deus. Ele pergunta a Deus por que o abandonou. Na cruz, Jesus se vê abandonado pelos discípulos e pelo próprio Deus. Mas ao rezar a Deus, seu Pai, esse sentimento já é transformado. E os versículos seguintes demonstram isso. Nos dois primeiros versículos, Jesus expressa esse abandono, ninguém lhe ajuda, Ele grita, mas não encontra paz. Mas os três versículos seguintes remetem à experiência dos pais. E estes confiaram em Deus, e Ele os salvou. Eles clamaram e foram libertos. Assim Jesus também clama na esperança de ser liberto e salvo.

Depois dessa expressão de confiança, Jesus descreve todo o seu sofrimento: "Eu sou um verme e não mais um homem". Ele se vê cercado de touros, leões abrem suas fauces contra Ele. Mas após expor o seu sofrimento, Jesus pode dizer: "Tu me atendeste. Anunciarei teu nome aos meus irmãos, hei de louvar-te no meio da assembleia". O salmo termina em confiança e louvor a Deus. Por isso, precisamos ver seu abandono em conjunto com sua confiança com a qual Ele se volta para o Pai e que acaba vencendo o medo e o abandono. Apenas assim conseguimos entender seu abandono como Mateus o viu. Não é um abandono de escuridão impenetrável, mas um abandono relativizado pela confiança na ajuda de Deus.

Hoje em dia, o medo do abandono preocupa muitas pessoas. Elas temem ser abandonadas por alguém que elas amam. Nelas existe muitas vezes uma criança abandonada, que grita quando aparece o medo de ser abandonada como na época em que era pequena. Outras pessoas se sentem abandonadas. Não têm ninguém em quem pudessem confiar. As pessoas que lhe eram próximas e que as entendiam ou morreram ou se retiraram de suas vidas. Às vezes, nós nos abandonamos a nós mesmos. Não estamos conosco mesmos. Já que nos sentimos abandonados por outros e por Deus, nós nos abandonamos a nós mesmos. Não queremos ficar em nossa companhia, pois sentimos apenas a dor do abandono.

Numa situação assim, a oração de Jesus pode nos ajudar a sentir o apoio de Deus no meio dessa emoção. Não negamos o nosso abandono. Nós o percebemos e o oferecemos a Deus. E apesar do nosso abandono, nós nos sentimos carregados por Deus. Se Ele não nos abandona, nós também conseguimos nos suportar e não precisamos nos abandonar a nós mesmos. Podemos confiar na proximidade acolhedora de Deus.

* * *

Em ti, Senhor, me refugio: que eu jamais seja decepcionado! Livra-me por tua justiça! Inclina para mim teu ouvido e apressa-te em libertar-me! Sê minha rocha de refúgio, a casa fortificada, onde eu possa salvar-me, porque Tu és meu rochedo e minha fortaleza. Para a honra de teu nome, conduze-me e guia-me! Tira-me da rede que, às ocultas, me estenderam, porque Tu és minha fortaleza. Em tuas mãos recomendo meu espírito: Tu, Senhor, Deus fiel, me resgataste.

Sl 31,2-6

No judaísmo, o Sl 31 é citado como exemplar para a oração noturna. No Evangelho de São Lucas, Jesus reza esse salmo no momento de sua morte (cf. Lc 23,46). Esse salmo descreve o sofrimento da cruz, fala da tristeza que corrói a vida, da fofoca da multidão e do terror; mas, ainda mais do que o Sl 22, é caracterizado pela confiança em Deus. E Lucas cita apenas um versículo: "Em tuas mãos entrego meu espírito" (Sl 31,6). Mas ele acrescenta uma palavra: "Pai". A palavra aramaica é: *abba*, "pai querido". É uma palavra carinhosa. Com essa palavra, Lucas interpreta a morte de Jesus como deixar-se cair nas mãos de Deus. Com essa palavra, Jesus transforma também a nossa morte. Não caímos na escuridão, mas nos braços maternos e paternos de Deus, que nos seguram e nos quais nos sentimos seguros.

O Sl 31 é um salmo de confiança em meio às provações da vida. O salmista expressa seu sofrimento na presença de Deus. Mas esse sofrimento e esse lamento sempre desembocam na confiança. Assim o salmo nos convida a não ignorar nossos sofrimentos e nossas provações, mas a oferecê-los a Deus. Podemos lamentar e chorar as muitas coisas que nos atormentam. Mas é importante que ofereçamos o nosso sofrimento a Deus. Assim, seu amor pode inundar o nosso conflito, nosso medo, nosso sofrimento e nossa tristeza e transformá-los. E em todo nosso sofrimento podemos nos deixar cair nas boas mãos de Deus. Não caímos num abismo sem fundo, mas nas mãos acolhedoras de Deus.

* * *

Em ti, Senhor, eu me refugio: que eu jamais seja envergonhado! [...] Não me rejeites agora, na velhice, quando as forças declinam, não me abandones! Pois meus inimigos falam de mim, confabulam entre si os que espreitam minha vida. Eles dizem: "Deus o abandonou: persegui-o, agarrai-o, pois não há quem o salve!" Ó Deus, não fiques longe de mim, meu Deus, vem depressa em meu auxílio! [...] Mesmo na velhice e de cabelos brancos, não me abandones, ó Deus, para que eu possa anunciar tuas proezas às gerações futuras. Teu poder e tua justiça, ó Deus, chegam até o céu. Tu fizeste coisas grandes, ó Deus, quem é semelhante a ti?

Sl 71,1.9-12.18s.

Ⓒ Sl 71 é a oração de uma pessoa idosa. Ela olha para trás e louva a Deus por tudo que Ele lhe deu em sua vida, mas também contempla sua situação atual. Quando ainda tinha forças, conseguia se defender contra as pessoas que a atacavam ou também contra suas próprias fraquezas. Mas agora as forças estão desvanecendo e ela depende da ajuda de Deus. Ela ouve como os outros dizem: "Já não tem mais forças. Está só piorando. Para ela não há salvação". Diante de falas tão negativas, ela se refugia em Deus. Se Deus vier ao seu socorro, ela resistirá também na idade. E assim ela pede a Deus que não a abandone agora. Se Ele lhe ajudar, sua idade também se transformará em louvor a Deus. Até o fim ela poderá proclamar: Vale a pena depositar sua confiança em Deus. Ele nos protege também na velhice. Mesmo na idade avançada, Ele continua sendo nosso refúgio, nosso consolo e a nossa ajuda.

Esse salmo é um salmo de consolação especialmente para as pessoas mais idosas. A pessoa idosa pode usá-lo para expressar seu medo diante da idade e do fato de não ser mais necessitada. Mas na oração seu medo se transforma. Ela sente que tem uma função importante na idade: Se ela viver sua vida até o último instante na confiança da ajuda de Deus, poderá comunicar uma mensagem importante às pessoas. Deus fez grandes coisas em sua vida, vale a pena agarrar-se a Deus até o fim. Assim podemos ser uma bênção para as pessoas também na idade. Podemos proclamar as grandes coisas que Deus fez em nossa vida.

* * *

Agi assim, porque conheceis o tempo e já é hora de acordar. A nossa salvação está agora mais próxima do que quando abraçamos a fé. A noite já vai adiantada e o dia vem chegando. Despojemo-nos, pois, das obras das trevas e vistamos as armas da luz.

Rm 13,11s.

$\mathcal{A}$ filosofia grega descrevia o estado do ser humano como sono. O ser humano se entorpeceu com várias ilusões e agora cambaleia pela vida num estado de sono. Mas ele não vive de verdade. Cristo ressurgiu dentre os mortos e nos adverte a despertarmos do sono e a viver de verdade com Ele. Paulo fala aqui de *kairos*, o tempo oportuno, do momento em que devemos viver. A salvação está próxima de nós agora, neste momento. Se vivermos totalmente no momento, nós conhecemos Jesus Cristo como aquele que nos liberta da noite do sono e da noite da escuridão. Com Ele nasceu um novo dia. Por isso, devemos abandonar as obras da escuridão e revestir-nos com as armas da luz. As armas da luz consistem numa vida digna. Tudo em nós pode e deve ser visto pelas pessoas. As obras da escuridão precisam ser escondidas dos olhos dos outros. Paulo sabe que voltamos sempre de novo para o estado do sono. Por isso, ele nos adverte a levantar do sono com Cristo, a viver de modo consciente, de viver no momento. Assim conhecemos Cristo como nossa verdadeira salvação, como aquele que transforma nossa vida em vida verdadeira, que nos transforma naquela imagem singular que Ele criou para cada um de nós.

Sempre é o momento de levantar-se. Somos assaltados sempre de novo por depressões sombrias. Anoitecemos dentro de nós. A esperança desaparece. Giramos em torno de pensamentos escuros. Não conseguimos processar tudo que aparece dentro de nós. Às vezes, basta levantar e espantar o sono e os pensamentos sombrios, levantar-se na esperança de que, quando caminharmos pela vida com uma postura ereta, a luz da ressurreição iluminará o nosso caminho.

Compreender a finitude

Uma geração passa, outra vem, enquanto a terra permanece sempre a mesma. [...] Tudo é penoso, difícil de o homem explicar. O olho não se cansa de ver, nem o ouvido se farta de ouvir. O que foi, será; o que aconteceu, acontecerá: nada há de novo debaixo do sol.

Ecl 1,4.8s.

Eclesiastes era um mestre que ligava a sabedoria da filosofia grega com a sabedoria de Israel. Ele critica as ilusões propagadas por alguns mestres religiosos.

Diante da realidade sóbria deste mundo, vale viver de tal modo que, mesmo assim, possamos ser felizes e de tal modo que realmente corresponde à vontade de Deus. Mas para que isso seja possível é necessário que enxerguemos a realidade não através de óculos cor-de-rosa.

Nesses versículos, o Eclesiastes descreve o destino do ser humano. Uma geração passa, a outra vem. Por isso, o homem não deve se levar tão a sério. Quando ele morrer, haverá outra geração para agir neste mundo. E ele será esquecido. Talvez alguns se lembrarão dele e de suas palavras, mas tudo que ele criou passará.

Esse conhecimento nos permite viver de forma modesta. Nós inscrevemos nosso rastro neste mundo, mas sabemos que as pessoas que virão depois de nós ignorarão o nosso rastro ou o apagarão com seus próprios rastros. Basta inscrever nesta vida um rastro positivo. O que acontecerá com esse rastro depois da nossa morte não é responsabilidade nossa, mas do futuro e de Deus.

E outra coisa relativiza a vida humana: O homem jamais se sacia em seu anseio. Ele pode ver muitas coisas bonitas, mas seu olho jamais se satisfaz. O ouvido não se cansa de ouvir. Sempre precisamos abrir nossos olhos para aquilo que se apresenta a eles. Não podemos fixar nada. No fluxo da vida, só podemos perceber aquilo que é. Quando ouvimos uma palavra boa, ela pode nos saciar, mas apenas por pouco tempo. Então voltamos a desejar palavras encorajadoras. Mas não podemos nos agarrar a nenhuma palavra. Tudo passará, e tudo voltará a acontecer. "Nada há de novo debaixo do sol" (Ecl 1,9).

Com esse pensamento, Eclesiastes convida o ser humano a viver modestamente a sua vida. Ele vive agora, neste instante, mas aquilo que faz não perdurará na eternidade. Tudo passará. Em vista da própria finitude, vale viver conforme à nossa natureza, viver a vida da melhor forma possível, cientes da relatividade da nossa vida. Isso nos torna humildes e sábios.

* * *

Pois a sorte do ser humano e dos animais é a mesma; tanto morre um como o outro; todos têm o mesmo sopro. O ser humano não leva vantagem nenhuma sobre os animais, porque tudo é ilusão. Todos vão para o mesmo lugar: Todos vêm do pó, e ao pó todos voltam.

Ecl 3,19s.

Eclesiastes compara o destino do ser humano com o destino dos animais, algo que era muito popular na filosofia do povo grego. Evidentemente, foi influenciado por ela. Ele descreve a vida do ser humano como ela se apresenta aqui na terra, mas nada diz sobre uma vida após a morte.

Como cristãos, nós olhamos para além da morte, mesmo assim devemos acatar de Eclesiastes o fato de que a nossa vida terrena é delimitada. Ela termina com a morte. Precisamos aceitar isso. Apenas quando levarmos isso a sério poderemos compreender corretamente a esperança cristã da vida eterna em Deus.

A respiração do ser humano é igual à respiração dos animais. Na morte, ela simplesmente para. E ambos retornam para a terra. Ambos são pó e voltam a ser pó. O rito da imposição das cinzas no início da quaresma nos lembra disso. O padre coloca cinzas em nossa cabeça e, de acordo com uma das opções do ritual, diz: "Lembra-te, de que és pó e ao pó voltarás".

A respiração é sopro de vento. Ela passa. Eclesiastes nos lembra de que devemos pensar na morte. A lembrança da morte nos convida a viver intensamente neste tempo. A finitude da vida torna cada instante valioso. Nossa vida só será bem-sucedida se vivermos consciente e intensamente.

Ninguém sabe quanto tempo de vida ainda lhe resta. Mas enquanto vivemos devemos viver conscientemente. Para o Eclesiastes, a felicidade verdadeira consiste em ter alegria naquilo que faz (Ecl 3,22). Quando nos concentramos naquilo que fazemos, sentimos alegria. Eclesiastes nos convida para uma vida consciente e atenciosa, que começa a fluir nas nossas ações e assim nos concede a experiência da felicidade. Essa mensagem vale também para nós cristãos, que acreditamos na ressurreição. Devemos viver conscientemente o nosso presente e, ao mesmo tempo, nutrir a esperança de que, na morte, Deus satisfará o nosso anseio mais profundo.

* * *

Senhor, Tu foste nosso abrigo, de geração em geração. Antes que nascessem os montes e que gerasses terra e mundo, desde sempre, para sempre, Tu és Deus. Fazes as criaturas humanas voltarem ao pó, dizendo: "Voltai ao pó, seres humanos!" Pois mil anos a teus olhos são como o dia de ontem, que já passou, e como uma vigília da noite. Tu os arrebatas: são como um sono matutino; se renovam como a erva, que de manhã se renova e floresce, de tarde murcha e seca.

Sl 90,1-6

$\mathcal{N}$ésse salmo, o ser humano contempla seu destino. Sua vida é finita: "Setenta anos é a duração de nossa vida, ou oitenta anos, se forem vigorosos" (Sl 90,10). Deus, por sua vez, é infinito. Para Ele, mil anos são como um dia. Para Ele, não existe tempo. Mas nosso tempo é limitado. Nossos anos passam como que no sono. Eles simplesmente passam, não existem mais. O salmista compara o tempo da nossa vida com o sono e com a erva, que floresce de manhã e já murcha quando a noite chega. Nossa vida é curta assim, isso devemos contemplar. Quando contamos nossos dias e nos conscientizamos de sua brevidade, "alcançamos um coração sábio" (Sl 90,12). Parte da sabedoria do ser humano consiste na consciência de sua finitude. Ao mesmo tempo, porém, cada ser humano é tentado a se agarrar à vida, a acreditar que viverá para sempre e sempre terá algo importante a fazer no mundo. Acredita que sempre poderá viver na casa que construiu para si mesmo. Mas tudo é finito. Tudo passa. Tudo murcha como a erva.

No Sl 103, essa imagem da erva aparece mais uma vez. O ser humano é como uma erva ou uma flor que floresce. Mas "sopra o vento, ela desaparece, e ninguém mais reconhece o seu lugar" (Sl 103,15s.). Essa imagem reforça mais uma vez a finitude do ser humano. Nem mesmo o lugar em que vivemos se lembrará de nós. O mundo nos esquece, as pessoas nos esquecem. Simplesmente passaremos. Por isso, não deveríamos tentar ser importantes neste mundo. É mais sábio ter ciência da relatividade da vida e viver a vida de acordo com a vontade de Deus. Devemos inscrever um rastro no mundo com a nossa vida curta, que, pelo menos enquanto vivermos, o torne mais humano e amável, como o desabrochar da flor que alegra aqueles que a contemplam.

Na doença

Chegaram a Jericó. Quando Jesus saía de Jericó com os discípulos e numerosa multidão, um cego estava sentado à beira do caminho pedindo esmolas. Era Bartimeu, o filho de Timeu. Ao saber que era Jesus de Nazaré, começou a gritar: "Jesus, filho de Davi, tem piedade de mim!" Muitos o repreendiam para que se calasse, mas ele gritava ainda mais alto: "Jesus, filho de Davi, tem piedade de mim!" Jesus parou e disse: "Chamai-o!" Eles chamaram o cego, dizendo-lhe: "Coragem! Levanta-te que Ele te chama". Jogando para o lado o manto, levantou-se de um pulo e foi até Jesus. Tomando a palavra, Jesus lhe perguntou: "O que queres que te faça?" O cego respondeu: "Mestre, eu quero ver de novo!" E Jesus lhe disse: "Vai, tua fé te curou!" No mesmo instante ele começou a ver de novo e se pôs a segui-lo pelo caminho.

Mc 10,46-52

Quando estamos doentes, nós somos como Bartimeu, o mendigo cego. Quando Jesus passa por perto, ele grita: "Jesus, tem piedade de mim!" Todos nós queremos que alguém nos ajude em nossa doença. Queremos nos livrar das dores, queremos nos livrar da doença. Queremos ser como éramos antes da doença.

Jesus ouve o grito do cego e o chama para si. Bartimeu tira seu manto e anda em direção de Jesus. Poderíamos dizer: Ele deixa cair a sua máscara. Ele abre mão de seu papel como doente e mendigo. Agora ele encontra Jesus face a face. Ele não pode se esconder mais por trás de seus papéis externos. E Jesus lhe pergunta: "O que queres que te faça?" Ele sabe que todo doente deseja recuperar a saúde, mas quer saber exatamente o que Bartimeu deseja: "O que queres de verdade?"

Quando Jesus nos faz essa pergunta em nossa doença, precisamos nos deter por um momento e pensar muito bem: Sim, o que quero realmente? Quero apenas que as dores desapareçam? Ou seria a minha doença um convite para chegar ao que realmente importa? O que quero que Jesus faça comigo? Quero que Ele apenas retire minha doença física ou quero que me transforme como pessoa? Quero que Ele me conduza ao meu *self* verdadeiro? Quero que Ele me mostre como devo viver, o que realmente importa? O que Jesus quer me mostrar por meio da minha doença? Será que minha doença contém uma mensagem que eu deveria seguir?

Depois devo dizer a Jesus o que reconheci em minha doença, o que deve mudar em minha vida. Bartimeu responde à pergunta: *"Rabbuni*, eu quero ver de novo". O texto grego traz a ideia de levantar os olhos, olhar para o céu. O cego não quer apenas voltar a enxergar. Ele quer poder levantar os olhos, deseja olhar para o céu cheio de esperança, deseja olhar para Deus. Ele quer que sua vida receba uma nova qualidade. Ele quer enxergar de verdade, ou seja, deseja enxergar o céu em tudo: contemplar o céu no ser humano, reconhecer nele o núcleo divino. E ele deseja enxergar e contemplar a beleza de Deus na beleza da natureza.

Jesus lhe responde: "Vai, tua fé te salvou, tua fé te curou". Jesus reconhece a fé na palavra de Bartimeu. Ele é diferente dos outros doentes, não está fixado em seu desejo de se livrar das dores ou dos sintomas desagradáveis, deseja olhar para o céu. A fé de que Jesus pode realizar o seu anseio mais profundo o curou. Agora ele realmente levanta os seus olhos e segue Jesus em seu caminho.

Para o evangelista São Marcos, Bartimeu é o único discípulo que realmente consegue enxergar. Os outros discípulos que acompanhavam Jesus em seu caminho continuam cegos. Eles ainda não conseguem enxergar. Assim Bartimeu se torna a imagem do discípulo verdadeiro, que entende quem é Jesus, que vê mais a fundo, que reconhece o mistério de Jesus e o segue até o seu sofrimento e sua morte na cruz.

Bartimeu nos convida a contemplar com ele o destino de Jesus em sua paixão e em sua cruz com os olhos da fé. Assim nós também podemos reconhecer o céu no Jesus pendurado na cruz. Nós reconhecemos que, nessa morte de Jesus, o amor de Deus se aperfeiçoa, que esse amor consegue transformar tudo que nos ocorre na vida.

* * *

Existe em Jerusalém, junto à porta das Ovelhas, uma piscina chamada em hebraico Betesda, que tem cinco pórticos. Muitos enfermos, cegos, coxos e paralíticos ficavam aí deitados. Entre eles, havia um homem que estava doente há trinta e oito anos. Jesus o viu deitado e, ao saber que estava doente há muito tempo, disse-lhe: "Queres ficar curado?" O doente respondeu: "Senhor, não tenho ninguém que me ponha na piscina quando a água se movimenta. Enquanto estou indo, outro doente desce antes de mim". Jesus lhe disse: "Levanta-te, toma o teu leito e anda". No mesmo instante aquele homem ficou curado, tomou o leito e andou.

Jo 5,2-9

*E*ntre as muitas pessoas doentes deitadas ao redor da piscina de Betesda encontra-se um homem que está doente há 38 anos. O número 38 se refere aos anos que o povo de Israel teve que passar no deserto após sua rebelião contra Deus até que todos os homens capazes de lutar estivessem mortos (cf. Dt 2,14). É, portanto, um homem sem armas, que não consegue se delimitar, que toma sobre si todos os problemas dos outros e os absorve. João não diz qual é a sua doença. E isso também não é tão importante. Jesus se volta para essa pessoa e a cura em quatro passos:

O primeiro passo: Jesus olha para ele e assim lhe dá reconhecimento. O segundo passo: Jesus reconhece que ele está doente há muito tempo; compreende-o e sente empatia por ele. O terceiro passo: Jesus pergunta: "Queres ficar curado?" O homem que não consegue estabelecer limites também desaprendeu a lutar por si e sua saúde. Jesus quer que ele entre em contato com sua vontade. Ninguém pode ser curado se ele não o quer. Mas o doente responde a essa pergunta apenas com um lamento. Ninguém está disposto a lhe ajudar, todos os outros estão numa situação melhor do que a dele, ele sempre chega tarde demais. O destino foi cruel com ele. O quarto passo: A essa autocomiseração Jesus não responde com misericórdia, mas o confronta: "Levanta-te, toma o teu leito e anda!"

O doente não deve se lamentar, mas simplesmente levantar em meio à sua doença e fraqueza. A palavra de Jesus desperta a força no homem doente. Ele se levanta, toma o seu leito e anda. Ele carrega o seu leito, símbolo de sua doença, fraqueza e impedimento, e caminha. Ele não está mais preso à cama, de certa forma, ele toma a sua doença e caminha com ela. Ele reconhece que tem uma força maior do que acreditava ter.

Não é a nossa culpa quando adoecemos. Mas – assim nos diz o texto – existe também a tentação de nos acomodarmos na doença. Às vezes, é mais fácil permanecer doente. Quando estamos doentes, não precisamos assumir responsabilidade. O homem que está doente há 38 anos se acomodou na doença. Ele culpa todos os outros por sua doença. Todos os outros estão na vantagem, ele não tem chance alguma. Mas com essa postura ele jamais será curado. Jesus desperta a vontade no homem doente. E não aceita desculpas. Ele acredita que esse homem consegue se curar, e assim a sua palavra desperta nele a força de viver. E o homem doente realmente ousa se levantar, tomar seu leito e seguir o caminho para a vida.

Para mim, essa palavra de Jesus se transformou em uma chave para como lidar com minhas inseguranças e meus bloqueios. Durante muito tempo, tentei superar os meus bloqueios por meio da espiritualidade e da psicologia. Mas não conseguia me livrar da minha insegurança. Apenas quando segui a palavra de Jesus, quando tomei meu leito, meu bloqueio, minha insegurança, meu suor e meu gaguejar e simplesmente fiz o que o impulso interno me ditava, minha segurança se transformou e eu me curei.

Todos nós gostaríamos de levantar se soubéssemos: A partir de hoje eu me sinto seguro, cheio de autoconfiança. Mas levantar-se em meio à fraqueza, em meio à falta de autoconfiança e tomar o leito como sinal dessa carência interna – esta é a cura verdadeira. Muitas vezes, queremos apenas nos livrar dos sintomas da nossa doença, porque eles nos envergonham. Mas vale a pena transformar a postura interior diante da vida. E isso significa: Levantar em meio à fraqueza e doença e seguir seu caminho.

Consolo em tempos de tristeza

Eu sei que meu Defensor vive e aparecerá, finalmente, sobre o pó; e depois que minha pele foi assim lacerada, já sem a minha carne, verei a Deus; eu, sim, verei aquele que está a meu favor; meus olhos contemplarão quem não é um adversário. Minhas entranhas se consomem dentro de mim.

Jó 19,25-27

Nesses versículos, Jó expressa sua esperança de contemplar Deus como seu Redentor após a morte. Mesmo que não esteja mais na carne, ele poderá contemplá-lo. Deus não lhe será mais estranho e, sobretudo, não será mais tão hostil quanto Jó teve que vivenciá-lo em seu sofrimento. Deus será seu amigo. Todo o anseio de Jó visa à contemplação de Deus como seu Redentor, Libertador e Salvador.

O Antigo Testamento fala da vida após a morte com muita cautela. Nesses versículos de difícil tradução, Jó alude à esperança de encontrar Deus como seu Redentor e contemplá-lo em seu amor. A Vulgata, uma tradução mais antiga da Bíblia, interpretou esses versículos em sua tradução à luz da esperança cristã da ressurreição.

Georg Friedrich Händel foi ainda mais claro em sua interpretação desses versículos em sua obra-prima *Messias*. Imediatamente após o grandioso "Aleluia", que, já em uma de suas primeiras apresentações, levou o público a aplaudir de pé, o soprano canta uma ária com o texto de Jó 19,25s. E Händel acrescenta a essas palavras de Jó imediatamente uma palavra de 1Cor 15,20: "Sei que meu Redentor vive; Cristo ressuscitou dos mortos como o primeiro dos que morreram". A melodia irradia confiança. Não morreremos para a escuridão, contemplaremos Deus como nosso Redentor e Salvador. E essa contemplação saciará o nosso olho. Nós nos saciaremos com a visão de sua figura, como nós monges cantamos com as palavras do Sl 17 no Sábado da Paixão: "Eu, porém, pela justificação verei a tua face; quando acordar eu me saciarei com teu semblante" (cf. Sl 17,15).

Sempre que um confrade falece, eu ouço a ária do soprano no *Messias* de Händel: "Sei que meu Redentor vive". Isso se transformou em um ritual para mim. Ele me permite ver a morte em outra luz. E imagino como eu contemplarei Deus em minha morte, como assim se satisfará o meu anseio mais profundo e como eu me saciarei com o semblante, com o amor de Deus que me aparecerá na morte.

* * *

Mas o ser humano não permanece na opulência, assemelha-se ao gado que se abate. Eis o destino dos que estão cheios de falsa confiança, o fim de quantos se comprazem nos seus discursos. Como ovelhas são arrebanhados para a morada dos mortos; a morte será seu pastor; irão direto para lá; de manhã sua figura se apagará, a sepultura será o seu lar. Mas Deus resgatará minha vida, do poder da morte com certeza me arrancará.

Sl 49,13-16

Sl 49 medita sobre nosso destino que terminará na morte. Ninguém escapa da morte. Os sábios também morrerão, juntamente com os tolos. Todos irão para o submundo. Mas, enquanto a figura do tolo se desfará no submundo – segundo as palavras do salmista –, Deus resgatará o justo de lá. Ele nos acolherá. Na morte, o que nos aguarda não é a escuridão do submundo, onde o ser humano vagueia como que uma sombra. Deus nos tirará dali. Ele nos levará consigo e nos abraçará em seu seio materno.

O salmo não diz como será a vida em seu seio. Mas não seremos entregues ao poder da morte. Também na morte Deus cuidará de nós, Ele nos acolherá, nos abraçará para que possamos estar com Ele para sempre. Isso é um consolo que nos encoraja a contemplar sobriamente o nosso destino que terminará na morte.

Quando morrermos, não poderemos levar nada, nenhuma riqueza, nenhuma fama, nenhum reconhecimento, nenhuma felicidade. O que importa é que confiemos aqui e agora em Deus e depositemos nossa esperança nele. Então Ele será a nossa recompensa e nos acolherá, nus como somos, e nos dará um novo lar em seu amor.

*   *   *

Jesus lhes disse: "Nesta vida as pessoas casam-se e se dão em ca-
samento. Os que forem considerados dignos, porém, de ter parte
na outra vida e na ressurreição dos mortos, não se casam nem se
dão em casamento. É que eles já não podem morrer, porque são
iguais aos anjos e são filhos de Deus, uma vez que já ressuscita-
ram. Aliás, que os mortos hão de ressuscitar, o próprio Moisés dá
a entender na passagem da sarça, quando diz: O Senhor Deus de
Abraão, Deus de Isaac e Deus de Jacó. Ele não é Deus de mortos
mas de vivos, uma vez que para Ele todos vivem".

Lc 20,34-38

No tempo de Jesus, os fariseus acreditavam na ressurreição, mas os saduceus não. Estes queriam colocar Jesus
à prova com o exemplo de uma mulher que teve sete homens
seguidos como maridos. Mas Ele não se deixa abalar. Na ressurreição, no mundo futuro, tudo será diferente, não haverá
casamento. Além disso, Jesus faz três declarações sobre a nossa vida no mundo futuro. Seremos iguais aos anjos. Nossa
vida será marcada pela luz. Como os anjos, poderemos contemplar Deus.

A segunda declaração: Por meio da ressurreição somos
transformados em filhos e filhas de Deus. Compartilhamos de
Deus. Aqui se cumpre o que Lucas citou como afirmação de poe-
tas gregos: "Porque somos também de sua raça" (At 17,28).

E a terceira afirmação: Deus é um Deus dos vivos. Na morte, a nossa vida será uma vida para Deus e em Deus. A expressão grega significa: "Pois para Ele todos são vivos". Mas se olharmos com mais atenção, essas palavras dizem: Na ressurreição, nossa vida será uma vida com Deus, para Deus e em Deus. Ou como diz Paulo sempre de novo: "Estaremos com o Senhor, com Cristo".

Assim, as três imagens que Jesus nos oferece nos permitem vislumbrar a vida da ressurreição. Com as suas palavras, Ele nos leva para além do limiar da morte e nos dá uma noção daquilo que nos espera: uma vida na luz. Nós somos transformados em filhos e filhas de Deus. Com os anjos, contemplaremos a Deus e viveremos totalmente em Deus, com Deus e para Deus. Isso é o cumprimento de todos os nossos anseios.

Podemos confiar nessas imagens de Jesus. Ao mesmo tempo, precisamos saber que a vida da ressurreição se encontra fora do alcance de todas as imagens e compreensões e, no fundo, permanece um mistério incompreensível.

* * *

Um dos criminosos crucificados insultava-o, dizendo: "Não és tu o Cristo? Salva-te a ti mesmo e a nós". O outro, porém, o repreendeu, dizendo: "Nem tu, que estás sofrendo a mesma condenação, temes a Deus? Nós sofremos com justiça porque recebemos o castigo merecido pelo que fizemos, mas este nada fez de mal". E falou: "Jesus, lembra-te de mim quando vieres como Rei". E Jesus lhe respondeu: "Eu te asseguro: ainda hoje estarás comigo no paraíso".

Lc 23,39-43

O criminoso crucificado à direita de Jesus reconhece diante da proximidade de sua morte que agiu injustamente. Ao mesmo tempo, porém, reconhece que esse Jesus ao seu lado é inocente e não se desviou do caminho certo. O criminoso não tem nada a apresentar. Ele desperdiçou sua vida. Agora recebe o salário justo pelos seus atos.

Mas em sua última hora ele se volta cheio de confiança para Jesus, que está sofrendo o mesmo destino. E este lhe diz a palavra consoladora: "Amém, eu te digo: Ainda hoje estarás comigo no paraíso".

Em seu Evangelho, Lucas usa sete vezes a expressão "hoje", a primeira vez no nascimento de Jesus: "Hoje vos nasceu o Salvador" até este último "hoje". E Jesus também nos promete esse "hoje". É uma palavra que nos consola. Mesmo que nossa vida tenha sido desperdiçada, nunca é tarde para mudar de direção. E se pedirmos a misericórdia de Jesus na hora da nossa morte, Ele a concederá.

Mas essa palavra vale não só para a hora da nossa morte. Se, no momento em que não conseguimos nos aceitar porque cometemos tantos erros, nos voltarmos para Jesus, Ele nos dirá:

"Ainda hoje estarás comigo no paraíso". Sua autoacusação se transforma em um lugar do paraíso, da paz celestial.

Já aqui e agora, o amor de Jesus nos tira dos lugares do desespero e nos leva para as esferas da esperança e do amor. Em nós, no fundo da nossa alma, está o céu, está o paraíso. A palavra de Jesus quer nos conduzir para esse céu interior. Lá, todas as autoacusações e dificuldades deixam de existir. Já experimentamos agora algo da paz e da beleza do paraíso.

A palavra de Jesus pretende nos livrar do medo da morte. Muitos pensam na morte com muito medo. Eles têm medo de serem condenados porque não seguiram os mandamentos de Deus, porque suas obras más talvez pesem mais do que seus atos bons. Mas se nos voltarmos para Jesus em nossa impotência, Ele nos dirá as palavras de consolo que o criminoso ouviu dele.

* * *

Vi então um novo céu e uma nova terra, porque o primeiro céu e a primeira terra haviam desaparecido, e o mar já não existia. Vi a cidade santa, a nova Jerusalém, que descia do céu, de junto de Deus, formosa como a esposa que se enfeitou para o esposo. Ouvi uma voz forte que saía do trono e dizia: "Esta é a tenda de Deus entre os homens. Ele vai morar com eles. Eles serão o seu povo, e o próprio Deus-com-eles será o seu Deus. Enxugará as lágrimas de seus olhos e a morte já não existirá. Não haverá mais luto, nem pranto, nem dor, porque tudo isso já passou". E aquele que estava sentado no trono disse: "Agora faço novas todas as coisas". E acrescentou: "Escreve, porque estas palavras são dignas de fé e verdadeiras".

Ap 21,1-5

$\mathcal{A}$s catedrais dos primeiros séculos cristãos costumavam representar a Jerusalém celestial à direita e à esquerda da abside. Os participantes na Eucaristia sempre olhavam para aquilo que o Livro do Apocalipse descreve aqui: a Jerusalém celestial, uma cidade repleta de paz e beleza. Ela está adornada como uma noiva. E nessa cidade Deus habita em nosso meio. Na Jerusalém celestial Ele enxugará todas as lágrimas. Não existe mais morte, nem tristeza, nem lamentação.

Quando os fiéis viam as imagens da Jerusalém celestial durante a celebração da Eucaristia, todas as palavras que eles ouviam da Bíblia se tornavam realidade para eles. A contemplação dessa cidade espantava seu medo da morte. Ela satisfazia seu anseio de uma pátria eterna, de uma pátria com traços humanos. A cidade fortificada servia, desde sempre, como símbolo da ordem divina e, ao mesmo tempo, como imagem da proteção materna que ela oferece aos seus habitantes. Assim, a visão da cidade celestial de Jerusalém lhes transmitia uma sensação de proteção materna. Quem a contemplava se sentia transposto para ela já agora durante a celebração da Eucaristia. Ele reconhecia nessa imagem a Jerusalém celestial, de modo que a celebração da Eucaristia estabelecia uma ligação entre céu e terra, entre a cidade terrena e a cidade celestial. Essa perspectiva dava aos primeiros cristãos a esperança de que todos voltariam a se ver nessa cidade celestial.

Esse texto do Livro do Apocalipse costuma ser lido em funerais. As pessoas que estão de luto ouvem as palavras: "Deus enxugará as lágrimas de seus olhos e a morte já não existirá. Não haverá mais luto, nem pranto, nem dor" (21,4). São palavras de consolo que prometem que seu luto não será eterno. A tristeza se transformará em alegria, o estarrecimento que eles experimentam agora diante da morte de um ente querido se transformará em nova vivacidade. Deus enxugará as nossas lágrimas. Aqui, Ele é representado na imagem da mãe confortadora que enxuga as lágrimas de seu filho.

As lágrimas podem fluir, o luto pode ser manifestado. Mas o texto nos diz que o luto tem um objetivo. O objetivo é que, lá do alto do céu, da Jerusalém celestial, a pessoa falecida nos acompanhe em nosso caminho até chegarmos também na cidade celestial, onde nos reuniremos para sempre com Deus.

5

"O SENHOR FAÇA BRILHAR SOBRE TI SUA FACE"

Bênção e orações para o caminho da vida

Bênção e orações para o caminho da vida

O Senhor falou a Moisés: Fala a Aarão e a seus filhos: Assim devereis abençoar os israelitas; dizei-lhes: O Senhor te abençoe e te guarde. O Senhor faça brilhar sobre ti sua face, e se compadeça de ti. O Senhor volte para ti sua face e te dê a paz.

Nm 6,22-26

inda hoje gostamos de usar essa chamada bênção sacerdotal. Uma pedagoga evangélica disse certa vez que essa bênção era uma bênção maternal. Assim como a mãe desperta a criança de manhã e sorri para ela, também Deus faça brilhar seu rosto carinhoso sobre nós. Bênção é a atenção amorosa que Deus nos dá, é proteção. Que Deus estenda sua mão protetora sobre nós e nos proteja em todos os nossos caminhos. E bênção é atenção de Deus voltada para nós, atenção maternal. Essa atenção traz duas dádivas: graça e salvação. Que a bênção de Deus nos preencha com amor e beleza, graça e graciosidade.

E que a bênção de Deus nos traga cura e salvação. Que a bênção de Deus nos cure e nos complete. Que Ele nos preencha, para que possamos entrar em contato com o nosso verdadeiro *self* e dessa forma nos tornemos nós mesmos.

Faz bem recitar essa bênção com o antigo gesto de estender as mãos para o alto, as palmas viradas para a frente. Assim podemos imaginar que o amor de Deus flui para as pessoas e as envolve como um manto protetor e que a face graciosa de Deus resplandece sobre as pessoas e as preenche de luz e amor.

* * *

Então Ana fez esta prece: "Exulta meu coração no Senhor, reergue-se minha fronte em Deus; minha boca se ri dos meus inimigos, pois me alegro na tua salvação. Ninguém é santo como o Senhor, pois não há ninguém fora de ti, e ninguém é rocha como nosso Deus. Não multipliqueis palavras altivas, nem saia insolência de vossas bocas! Pois o Senhor é um Deus cheio de saber, é Ele quem pesa as ações. O arco dos valentes quebrou, a força cingiu os exaustos. Os saciados se empregam pelo pão, os famintos podem folgar para sempre; a estéril dá à luz sete vezes, e a mãe de muitos filhos definha. É o Senhor que dá a vida e a morte, conduz à mansão dos mortos e de lá faz voltar. É o Senhor que torna pobre e faz rico, humilha e também exalta. Levanta do pó o pobre, do lixo ergue o indigente, fazendo-os sentar com os príncipes e concedendo-lhes um trono glorioso. Pois é ao Senhor que pertencem as colunas da terra; sobre elas colocou o orbe. Ele guarda os passos dos seus fiéis, enquanto os ímpios perecem nas trevas, pois não é pela força que o homem triunfa. Os adversários do Senhor são quebrados, o Excelso nos céus troveja.

O Senhor julga os confins da terra, dá força ao rei e exalta a fronte do seu ungido". Elcana foi para casa em Ramá; o menino, porém, ficou a serviço do Senhor na presença do sacerdote Eli.

1Sm 2,1-11

$\mathcal{A}$na não tinha filhos. Em seu desespero, ela foi para o Templo, para o santuário em Siló, e falou a Deus de seu sofrimento por não ter filhos. O sacerdote Eli achou que ela estava embriagada. Mas quando ela lhe contou seu sofrimento, ele lhe desejou que Deus cumprisse seu desejo.

Finalmente, quando Ana deu à luz um filho, ela primeiro o desmamou e então levou o pequeno Samuel para o Templo, para que lá ele servisse a Deus por toda a sua vida. Enquanto fazia isso, ela cantava um hino. É um hino cheio de alegria, mas essa alegria sempre se lembra também do sofrimento, do desespero, do desprezo que ela sofrera como mulher sem filhos.

Lucas usou em seu Evangelho o hino de gratidão de Ana como modelo para o *Magnificat*, que Maria entoa durante sua visita a Isabel após engravidar (cf. Lc 1,46-55).

Essa oração pode ser uma ajuda também para nós para encontrarmos as palavras certas na presença de Deus. Ela não nega as coisas terríveis que vivenciamos. Por isso, ela é útil especialmente em situações em que não estamos bem. A gratidão já antecipa a salvação. Em meio à angústia, nós confiamos que Deus nos ajudará.

Podemos usar essa oração também quando escapamos de um perigo ou quando fomos salvos de um acidente ou uma doença. Nesse caso, é um hino de gratidão, que nos preenche com alegria e júbilo.

São imagens lindas que Deus nos oferece nesse hino de gratidão. São imagens com as quais podemos expressar nossa própria experiência, que nos permitem expressar os nossos sentimentos muitas vezes confusos de tal modo que eles podem ser transformados.

* * *

Então Maria disse: "Minha alma engrandece o Senhor e rejubila meu espírito em Deus, meu Salvador, porque olhou para a humildade de sua serva. Eis que de agora em diante me chamarão feliz todas as gerações, porque o Poderoso fez por mim grandes coisas: O seu nome é santo. Sua misericórdia passa de geração em geração para os que o temem. Mostrou o poder de seu braço e dispersou os que se orgulham de seus planos. Derrubou os poderosos de seus tronos e exaltou os humildes. Encheu de bens os famintos e os ricos despediu de mãos vazias. Acolheu Israel, seu servo, lembrando-se de sua misericórdia, conforme o que prometera a nossos pais, em favor de Abraão e de sua descendência, para sempre".

Lc 1,46-55

$\mathcal{A}$ Igreja canta o hino de louvor de Maria nas vésperas, a oração do fim da tarde. Ela o canta de tal modo que cada um consiga expressar nele as suas experiências. Mesmo assim, aconselho meditar sobre esse hino em sua composição de Lucas, para que possamos aplicar as palavras de forma ainda mais direta à nossa vida.

Maria começa seu hino de forma muito pessoal. Ela parte de seus próprios sentimentos, de sua alma, que se abre quando ela pensa em Deus, seu Salvador, e de seu espírito, que regozija. E ela fala daquilo que Deus lhe fez: Ele a olhou com graça e fez grandes coisas em sua vida. A razão pela qual Ele fez todas essas grandezas é sua misericórdia.

Podemos aplicar essa experiência pessoal de Maria a nós mesmos. Ao final do dia, cada um poderá louvar a Deus pelas coisas grandes que Ele lhe fez – hoje ou em sua vida.

Depois desse hino de louvor pessoal, Mara canta em sete meias-estrofes a ação de Deus na história. Podemos relacionar os três primeiros atos ao êxodo do Egito. Deus realizou obras maravilhosas, Ele dispersou os orgulhosos – como o faraó – e derrubou os príncipes – os reis na terra de Canaã – de seus tronos.

O quarto ato pode ser referido à encarnação de Deus em Jesus Cristo. Ele exaltou os humildes. Jesus nasceu em humildade, para elevar as pessoas simples e pobres.

Os três atos seguintes podem ser atribuídos a Jesus. Jesus encheu de bens os famintos. Ele se voltou para os pecadores que estavam famintos de uma mensagem do amor. Mas Ele permitiu que os ricos ficassem sem nada. Ele não pôde dar nada a eles, porque suas mãos já estavam cheias.

E Jesus acolheu o servo Israel. Poderíamos traduzir: Ele abraçou o servo Israel, abraçou o povo com amor e não só lhe proclamou o amor carinhoso de Deus, mas o transmitiu fisicamente. A razão pelos sete atos de Deus na história foi a misericórdia – em grego: *eleos*. Mesmo que esses sete atos tenham acontecido no passado, louvamos ao mesmo tempo aquilo que Deus faz por nós nos dias de hoje: Ainda hoje Ele nos eleva em Jesus Cristo quando nos sentimos pequenos e humilhados. Ainda hoje Ele sacia nossa fome com os bens de seu amor. E ainda hoje Ele nos abraça como abraçou as crianças para abençoá-las. Ainda hoje cantaremos todos os dias aquele hino maravilhoso e jamais nos cansamos dele. Pois podemos cantá-lo sempre de maneira diferente, porque rezamos com experiências diferentes. O hino de louvor transforma o que experimentamos hoje e nos presenteia com gratidão por todas as coisas grandes que Deus fez e faz por nós.

* * *

Ele disse: "Felizes os que têm espírito de pobre, porque deles é o Reino dos Céus. Felizes os que choram, porque serão consolados. Felizes os mansos, porque possuirão a terra. Felizes os que têm fome e sede de justiça, porque serão saciados. Felizes os misericordiosos, porque alcançarão misericórdia. Felizes os puros de coração, porque verão a Deus. Felizes os que promovem a paz, porque serão chamados filhos de Deus. Felizes os perseguidos por causa da justiça, porque deles é o Reino dos Céus".

Mt 5,3-10

$\mathscr{A}$s oito bem-aventuranças descrevem o caminho de Jesus para a vida bem-sucedida, para a felicidade. Podemos entendê-las como contraparte ao caminho óctuplo de Buda para a vida bem-sucedida. Como mestre de uma sabedoria abrangente, Jesus não nos promete soluções baratas. Nessas palavras, Ele nos mostra um caminho que nos permite alcançar a paz interior, a harmonia conosco mesmos e a felicidade em meio às situações diferentes da nossa vida. Trata-se de oito posturas e habilidades, que Jesus nos promete. Ele deseja nos dizer: Você é capaz de ser pobre em espírito, de ser internamente livre da adesão às coisas. Você é capaz de lamentar corretamente as suas chances perdidas e a sua mediocridade. Em seu coração está a capacidade de ser manso, de ser pacífico e misericordioso. Mas você deve tentar também não ser violento consigo mesmo e com os outros, ser misericordioso consigo mesmo e com os outros.

Seu coração lhe diz o que é justo. Mas você deve se empenhar também em prol da justiça em seu ambiente. Dentro de você existe a noção de um coração puro sem segundas intenções. Mas muitas vezes esse coração puro é ofuscado por segundas intenções e sentimentos confusos. Sua tarefa é permitir que Deus os purifique sempre de novo ao procurar o silêncio e oferecer a Ele todas as suas emoções manchadas, para que seu amor as purifique.

Você tem a capacidade de propagar a paz. Mas primeiro você precisa estar em paz consigo mesmo, reconciliar-se com suas sombras, para que você não as projete sobre os outros.

A última bem-aventurança parece não ter nada a ver com felicidade. Ela fala de perseguição. Mas Jesus mostra como podemos experimentar felicidade interior mesmo em meio a experiências dolorosas. Devemos – assim diz Gregório de Nissa – permitir que aqueles que nos perseguem nos levem aos braços de Deus. Gregório compara essa bem-aventurança com o esporte. Quando participamos de uma corrida, precisamos de competidores que nos encorajam a correr mais rápido ainda. Assim todo sofrimento que nos atinge pode nos encorajar a correr mais depressa para os braços de Deus. Assim nossos perseguidores perdem seu poder negativo. Eles nos obrigam a buscar nosso fundamento em Deus. Eles são um desafio espiritual de depositarmos toda a nossa esperança em Deus.

* * *

Portanto, é assim que haveis de rezar: Pai nosso, que estás nos céus, santificado seja o teu nome; venha o teu Reino, seja feita a tua vontade assim na terra, como no céu. O pão nosso de cada dia dá-nos hoje, perdoa-nos as nossas ofensas, assim como nós perdoamos aos que nos ofenderam, e não nos deixes cair em tentação, mas livra-nos do mal.

Mt 6,9-13

*M*ésmo se rezarmos o Pai-nosso diariamente, ele pode nos direcionar cada vez para o espírito de Jesus, que rezou essa oração para nós.

O Pai-nosso trata dos temas essenciais da nossa existência humana. Só encontramos o nosso centro como seres humanos se colocarmos Deus no centro, se santificarmos o seu nome. Pedimos que venha o Reino de Deus e não o domínio de pessoas más. Pedimos que seja feita a sua vontade e não a vontade de tiranos. Pedimos o pão de cada dia. Não é algo natural recebermos todos os dias aquilo que precisamos para viver. E a oração trata do perdão: Confessamos que Deus nos perdoou, mas isso é também um desafio de perdoarmos uns aos outros. E pedimos que não caiamos em tentação, mas que nos sintamos protegidos do mal que nos cerca.

Nessa oração, meditamos sobre o espírito de Jesus. Mas podemos imaginar também que nossos pais, nossos avós e nossos bisavós rezaram essa oração diariamente e assim conseguiram enfrentar os desafios de suas vidas. Quando rezamos o Pai-nosso, participamos da força vital e da força da fé de nossos antepassados.

Quando rezo essa oração, eu me lembro de meu pai que, durante o tempo de escassez após a guerra, experimentou o pedido pelo pão de cada dia como uma petição existencial, que lhe deu confiança a despeito de todas as necessidades. E o pedido de perdão o protegeu da amargura em que ele teria caído quando outros o enganavam. A oração nos conecta com nossos antepassados, mas também com todas as pessoas que rezam essas palavras conosco a cada dia.

Quando rezamos o Pai-nosso na Eucaristia, podemos imaginar que nossos pais e avós agora rezam essas palavras como pessoas que veem, enquanto nós ainda rezamos como pessoas que buscam, duvidam e creem. Assim essas palavras conectam o céu e a terra e nos permitem participar de sua visão em meio às nossas dúvidas.

Posfácio

Neste livro tratamos dos temas do nosso dia a dia e analisamos a nossa vida à luz de passagens bíblicas. As passagens bíblicas não nos dão respostas definitivas às nossas perguntas, mas nos mostram maneiras para lidarmos com os temas fundamentais da existência humana. Precisamos seguir esses caminhos. A Bíblia só pode desdobrar sua força transformadora e curadora se seguirmos os caminhos, se experimentarmos as palavras que lemos. Podemos viver um dia ou uma semana com esta ou aquela palavra bíblica. Não precisamos entender a palavra. Nós a aceitamos como companheira que, em tudo que vivenciamos, oferece um comentário e nos encoraja a experimentar este ou aquele passo. Os caminhos da sabedoria precisam ser trilhados. Caso contrário, eles não levam à vida. Escolha para a sua situação uma passagem bíblica que chame sua atenção e que possa transformar a sua situação. E então permita que essa palavra o acompanhe em seu dia a dia durante uma semana. Minhas interpretações pretendem ser apenas uma ajuda para interpretar o texto para a sua vida.

Confie em sua própria intuição. Enfrente o dia a dia com a palavra. A palavra lançará uma luz nova sobre seu dia a dia.

E suas experiências concretas em sua vida diária lhe ajudarão a compreender a passagem bíblica. Assim se desenvolverá um diálogo entre o texto bíblico e a sua vida. E esse diálogo enriquecerá a sua vida.

Os primeiros monges desenvolveram o "método antirrético". Quando encontravam uma palavra danosa, eles respondiam com uma palavra da Bíblia. Fizeram a experiência de que as palavras da Bíblia são realmente palavras curadoras. Mas elas desdobram seu efeito curador apenas quando as meditamos incansavelmente e as usamos de modo consciente nas diferentes situações. As palavras da Bíblia não nos oferecem uma solução rápida para os nossos problemas, mas elas contêm uma força transformadora. A descoberta e a experiência dessa força transformadora e curadora em sua vida – é isso que eu lhe desejo de todo coração, caro leitor, cara leitora.

Registro bíblico

CULTURAL

Administração
Antropologia
Biografias
Comunicação
Dinâmicas e Jogos
Ecologia e Meio Ambiente
Educação e Pedagogia
Filosofia
História
Letras e Literatura
Obras de referência
Política
Psicologia
Saúde e Nutrição
Serviço Social e Trabalho
Sociologia

CATEQUÉTICO PASTORAL

Catequese
Geral
Crisma
Primeira Eucaristia

Pastoral
Geral
Sacramental
Familiar
Social
Ensino Religioso Escolar

TEOLÓGICO ESPIRITUAL

Biografias
Devocionários
Espiritualidade e Mística
Espiritualidade Mariana
Franciscanismo
Autoconhecimento
Liturgia
Obras de referência
Sagrada Escritura e Livros Apócrifos

Teologia
Bíblica
Histórica
Prática
Sistemática

VOZES NOBILIS

Uma linha editorial especial, com importantes autores, alto valor agregado e qualidade superior.

REVISTAS

Concilium
Estudos Bíblicos
Grande Sinal
REB (Revista Eclesiástica Brasileira)

VOZES DE BOLSO

Obras clássicas de Ciências Humanas em formato de bolso.

PRODUTOS SAZONAIS

Folhinha do Sagrado Coração de Jesus
Calendário de mesa do Sagrado Coração de Jesus
Agenda do Sagrado Coração de Jesus
Almanaque Santo Antônio
Agendinha
Diário Vozes
Meditações para o dia a dia
Encontro diário com Deus
Guia Litúrgico

CADASTRE-SE
www.vozes.com.br

EDITORA VOZES LTDA.
Rua Frei Luís, 100 – Centro – Cep 25689-900 – Petrópolis, RJ
Tel.: (24) 2233-9000 – Fax: (24) 2231-4676 – E-mail: vendas@vozes.com.br

UNIDADES NO BRASIL: Belo Horizonte, MG – Brasília, DF – Campinas, SP – Cuiabá, MT
Curitiba, PR – Fortaleza, CE – Goiânia, GO – Juiz de Fora, MG
Manaus, AM – Petrópolis, RJ – Porto Alegre, RS – Recife, PE – Rio de Janeiro, RJ
Salvador, BA – São Paulo, SP